越川栄子 著

20代の斎藤喜博

――その教育の事実と実際――

一莖書房

昭和四年三月、師範学校四年生（十八歳）

はじめに

斎藤喜博は小学校の教師からスタートし、戦後発足した新制中学の教師も務め、さらに群馬県教職員組合の文化部長を務めた。そして、全国的に大きな教育的影響を及ぼした島小学校の校長を十一年間務める。最後は、境小学校の校長を六年間務め一九六九年、三十九年間の公立学校の仕事を終了した。

退職後は宮城教育大学の授業分析センターの教授や、その他のいくつかの大学教育にも関わった。また、全国各地の小・中学校に入り、授業の指導に立ち会い、公開研究会の手助けをも行った。このことからも多大の影響を全国の教師に与えた。

教育とはどうあるべきなのか。

授業とはどう展開すべきなのか。
学校経営とはどうあるべきなのか。
子どもとはどう捉え、どう導くべきなのか。
教育の評価はどうすべきなのか。
行事は、体育祭の場合はどうあるべきなのか。
教室における机の並べ方は。
行進の仕方は。
入場の仕方は。

斎藤喜博の教育は、あまりに具体的明確であって、そして多くの人が自らの実践に取り入れようと学ぶことになる。

斎藤喜博は一九一一年（明治四十四年）三月二十日、群馬県芝根村川井というところに生まれた。近くのゆったりとした流れが見られる利根川の風景は、斎藤の身体と心の中に取り込まれ、思索の場、心身の癒しの場とされ歌作りの源ともなった。

その斎藤喜博の二十代とは、どんな十年間だったのだろうか。一地方の一教師としての実践力、数多くの著作、全国各地、各学校への指導の行動力。それらはどう作られたのだろうか。

今年は斎藤喜博生誕101年目に当たり、その20代の教育実践を五章に分けて照射してみたい。

目次

第一章　青年教師誕生

――十九歳で玉村小へ――

斎藤喜博の二十代は一九三一年から一九四〇年までに当たる。十九歳で五年間学んだ群馬師範を卒業し、生地に近い玉村小学校に十九歳で赴任している。二十歳は就職二年目に当たり、玉村小学校に十三年間勤め、三十二歳で次の小学校へ転任している。従って、斎藤の二十代とは、卒業して最初に赴任した玉村小学校時代といえる。その十三年間を斎藤喜博は、どのような教育を行ったのだろうか。

斎藤喜博が職業として教師を選んだのは、斎藤の家庭環境から自然にそういう方向に行ったと考えられる。斎藤は六人兄弟の四番目、次男である。長兄と十七歳離れており、その長兄と次姉が教師であり、弟も教師となっている。男兄弟の二人は共に、当時の日本植民地である台湾やテニアン島の学校に勤めている。また父は常々「先生がいい」と言っていたという。一つの家から、それも兄弟姉妹六人のうち四人が教師の職に就いたというのは、今はもちろん当時としても珍しかったのではないだろうか。そういう選択の背景には、彼らの祖父の存在があったのではないだろうか。

祖父は雅号も持ち南画を描き、また漢学塾を開いていたという。この祖父への心が、あるいは祖父の血が斎藤兄弟に流れていたのではないだろうか。

学校を卒業し就職するということは、初めて社会と接し、その社会の中で生きるということである。斎藤喜博が十九歳で教師となった一九三〇年、そしてそれから十三年後の一九四一年とは、日本が誤った時代、昭和戦争の時代に当たる。満州事変から日中戦争、そして太平洋戦争に突入し、現在でもなお暗い影を落とす教育政策が行われた時期である。

教育が戦争に組み込まれ加担を余儀なくされていった中で、周囲とどう関わりながら自分の教育をしていったのか。戦時体制というその時代の政治や経済、文化や思想と無関係には生きていけない中で、斎藤は地方の、それも県央から離れたところの村の小学校でどのような仕事をしたのであろうか。

一九三〇年（昭和五年）斎藤喜博は、玉村小にに着任し二年生の優秀児のクラスを担任した。校長は後々まで斎藤喜博が尊敬し県下でも有名かつまた一つの教育理念を持った宮川静一郎であった。満四十歳になる直前で、赴任してきた斎藤喜博を見て「いかにも病弱に見えた。」と述べている。

当時の玉村小は宮川校長を中心に合科教育が行われ、低学年は特に未分科教育といって能力別に学級を編成し、教科別に教えるのではなく、テーマを決めてそこで総合的に教えていくという指導方法をとっていた。学校独自の教育法である。斎藤喜博は教師のスタート時、この低学年の二年生優秀児担当となった。当時の斎藤は、一日中教室で過ごしていて、他の教師との交流はなかったように見える。朝から帰るまで子どもと共にあり、子どもたちも初任の斎藤に、五人も十人もぶら下がっており、その子どもたちを斎藤は「みな品のよい親しみ深い子どもたち」と述べている。当時すでにそうした子どもたちが育っていたといえよう。

初任者に対する特別研究授業が七月に行われた。そのとき、斎藤喜博の指導案の原紙を切った小学校の同級生であり同僚は更紙四、五枚に自分の言葉で堂々と自分の意見を述べていることに驚いている。また、宮川校長もその授業を見て、

「全級にみなぎる一種言うべからず雰囲気……されば児童に与えたる印象の如きも相当大なるものありと信じ愉快にたえず、何はともあれ教育の実際社会に第一歩を踏み入れたる君の勇敢なる態度を賞賛し地位、名誉、待遇等の些事に眼を奪わることなく猛然

突進して速やかに死地極楽の境地にまで、突入せられることを望み、切に自重を乞う」

(『可能性に生きる』)

と激賞している。

しかし斎藤喜博は、六月にバスケットの選手として練習中にねんざをし、それが後々まで治らず八月に歩行困難になる。九月の二学期に運動会の練習に、体育ダンスの指導にと無理が重なり衰弱してしまった。結果、一九三一年二月の徴兵検査で乙種合格となり兵役免除の取り扱いとなった。その年の四月に二十歳になった斎藤喜博は持ち上がって三年生の担任となった。相変わらず胃腸のほうはよくならなかった。優秀児のクラスであったので教科書をすませた後、補充教材を使った授業をしたり、利根河原へ弁当持参で行き、国語の授業をしたりしていた。

学級学芸会を催し、他の先生たちに案内状を子どもたちが作って、出したりしていた。子どもたちが振り付けた舞踏に、宮川校長は、体育専門の先生が振り付けたと思っていた。

一九三二年四月に斎藤喜博は三年目を迎えた。その年から四年生女組七十六名の担任となった。健康状態悪く、六月には右肺尖カタル、胃下垂、貧血等を患い、毎日遅刻の状態が続く。他の教師がガラス入れや地図の修理をしていても、そういうことに一切参加せず、教室にこもり、教室の仕事をしたり、本を読んでいた。

三年目の七十六名の女組は人数もさることながら能力の差に驚く。身体の方は決してよくない中で、とりあえず算数、国語のテストを行い、個別指導の練習問題を作成して毎月それをやらせている。算数練習進度表、漢字練習カード、国語自由進度表によって、一人ひとりの能力の到達状況を確認させ、一斉テストで全員の学力を確認していた。体操の授業にも、個々の体力、その他の条件によって指導内容を変えていた。

一日教室にこもって仕事をし、『善の研究』や『歎異抄』を暗唱したりしていた。

宮川校長は何も言わなかった。その宮川校長は毎年四月に職員に希望事項を書かせて提出させた。この三年目に斎藤喜博が提出した内容は次の四項目である。

1、学級ごとの母親の会を毎学期一回開くようにしたい。

2、専門の学者、芸術家や優れた実践家を招いて話を聞くようにしたい。
3、窓ガラスを職員が入れなくてもすむような方法を考えてもらいたい。
4、卒業式の時、各学年の成績優秀児に出す賞状を廃止し、そのかわりに全校児童に教科書を一冊ずつやるようにしてもらいたい。

(『可能性に生きる』)

深く考えずに書いて出したと斎藤は、のちに書いているが、島小教育に具現する基本的考えが二十一歳のこのときにあったことになる。

「石の上にも三年」といわれるが、斎藤の三年は教師生活と共に健康を害し、遅刻、欠勤をくり返すことになったが、その中にすでに教師としての周囲と異なる自分なりの教育を実践していたことがわかる。

一九三三年(昭和八年)四月、斎藤は五年生の持ち上がり担任となった。この三月突然、宮川校長が転任となった。春休みに宮川校長と町の通りで出会ったとき、何もいえず涙をボロボロこぼしていた。二十二歳になったばかりの斎藤喜博である。三年間、宮川静一郎という校長とその教育理念のもとにまとまり、実践していた玉村小学校という教育環境の中で、斎藤もまた一人の実践者として妨害もされず、自分なりの実践を積むことができた。まさにそれは宮川静一郎という校長あってのことである。

次の校長は全てに形式的であった。

二十代の十年間宮川校長を入れて五人の校長のもとでの仕事となる。宮川校長のような校長とは二度と出会わなかった。

すでに国内においては一九三一年満州事変、翌年の満州国建国、三十三年の国連脱退と厳しくなる条件が続いていた。また、全国的に教員の赤化事件が起こり長野県では六五校一三八名の教員逮捕。さらに驚くことには玉村小に三月末まで同僚だった教師が逮捕されている。

同時代に生きるということ、同じ状況の中で自分の外で起きる出来事をどう捉え、どう対処して生きていくか。その答えはむずかしい。何故なら、皆それぞれにそのとき、生活の基盤を持っている。それを遂行し守ることが先になる。

のちに過去を振り返ったとき、あのときどうすればよかったのかと問うてみても、それは過去のことであり、そのときはやはりそのときの生活、仕事が優先されていったということであろう。しかし昭和十年代に入ると世界も日本も緊急事態の方向へと進んでいった。治安維持法施行、国民精神文化研究所設立、日本主義思想夏期講習会、日本主義思想普及会というような教育、文化、思想の面で実施されるような状況下であった。

二十二歳。斎藤喜博は宮川静一郎校長が去り新しい校長のもとで四年目を迎え、五年生女組を持ち上がった。この新しい校長のもとで玉村小の職員と共に斎藤喜博も闘うことになった。この時期相変わらず体調は悪く遅刻、欠勤も続いていた。

新しい校長は形式や体裁を重んじ、子どもの実態や教育の方法については余り関心がない。法律に従って決まったことをすればよい、研究などは付属がやればよい、一般の学校は決まったことをすればよいという考えでそれを職員に強いた。廊下の歩き方、ベルと同時に教室に行き、終わりのベルが鳴ったら戻ること。常に上着をつけて授業に臨むようにという校長であった。斎藤にもわざわざ校長室に呼んで社交的になるように、とすすめた。

先生たちはこれまでの玉村小の伝統的教育を守り、職員の教育姿勢を守るために五月に職員のみの会議を開いて授業の相互参観、授業研究を行うことを決めた。
斎藤はすぐ国語の研究授業を行った。そして十一月には全校反省会という名のもとで学習指導研究会を行い、四年、五年の授業が行われ、斎藤も五年女組で国語の授業を行った。またこの研究会には宮川前校長や徳江前教頭も参観するので、斎藤も他の職員も張りきって臨んでいた。その熱意が指導案の裏に次のような赤インクの印刷をした。

○ 我らは疲弊せる農村教育者なることを自覚の上に立つ
○ 時代革新の熱意を日々の教育行の上に認めている

(『君の可能性』)

この赤インクの「時代革新」という言葉が次の日、校長の怒りを買うことになる。教員が「子どもを変え、時代を変えていくのが教育」というのに対し、校長は「ふとどきだ。法律によって決められたことだけをすればよい。」「法律は人が作るもの、悪いものは改めればよい。」「そういう教師は教師の資格なし。」と次の年、「法律は人が作るもの」といった教師は転任させられた。

こうした学校の中で斎藤自身も七十六名の女子の指導を必死に行っていた。子どもたちの綴り方、日記を家で毎晩書き込みを入れ、ときに徹夜もしながら仕事をし、教室の整備も個性的かつ豊かな教室環境を作っていた。各府県の絵はがき入れ、何十と本立てを自作し五十冊の本を揃えたり、ベニア板に工夫をして子ども掲示板を作ったりしていた。雑務をはぶくように要請しながら、全ての子どもの能力がわかる能力分布図を作り、次の日の授業案、指導法を考えたり、一人ひとりの学習方法を示す読み方学習方針を考えて、子どもに配布、自主学習ができるようにしている。一日中教室にいる生活である。

この年までに斎藤は読み方教育の指導過程を五段階（1）予備学習、（2）独自学習、（3）相互学習、（4）整理学習、（5）練習学習に分け、のちの島小教育の中に生きることになる。

こうした指導の結果、斎藤のクラスの子は際立ったよさを誰もが認めるようになる。「質が高い、明るい、美しい顔」「颯爽としている、自信にみちて希望に輝いている。」

「可愛く品がある。物覚えが早い。」などなど。斎藤は、かつて宮川校長に提出した毎学期一回母親の参観を設けていた。中には自由に参観に来たり、放課後遊びに来る親も現れた。

斎藤の授業の評判がよくなることは、校長やその他の職員からの反発や敵視する人も現れ、そのほこ先が子どもに向けられていった。「放課後、いつまでも残っている」「講堂から追い出した」など。斎藤自身にも「補習学校（夜間、青年対象）を兼務させろ」など。しかし同僚に守ってもらい助けられていた。

他の職員の中の険しい雰囲気の中で、斎藤たちは九月「土耀会」を五人で結成、授業の研究をすることになる。

そういう中、一九三四年（昭和九年）二月、特別研究授業をすることになる。付属小の教生、師範二年十九名、訓導二名も参観するものである。この時期、斎藤は二月六日から十一日まで欠勤、二月十五日の研究授業は無理をして行う。国語六年の「ふか」の補助教材の相互学習であった。

師範訓導は「こんな深みのある授業は見たことない。」教生「真剣なのに驚いた。質の深い授業」。三十八度の熱の中で実施。その結果、三月一日から次年度五月四日までの長期欠勤となってしまう。

斎藤二十二歳は、これまでの三年間とは比べられない嵐のような一年であったのではないだろうか。しかし、ここまでに将来の斎藤喜博の教育の基本が出来上がったとみてよいだろう。

一九三四年（昭和九年）、スタートの四月は病気欠勤。六年女組の持ち上がりとなる。そしてこの学年を高等科二年まで持つことになる。他に持つ人がいなかったためである。四月二十日、校長は斎藤の自宅を訪れ、休職をすすめた。毎日子どもたちは先生を見舞い町の八幡様に祈願していた。先生方も毎日訪問していた。学校のこと、子どもの様子もよくわかっていたであろう。斎藤は校長のすすめに「休職しません」と断る。普通なら承知し休職し、退職ということになるであろう。この斎藤の剛さはどこから出てきたのか。

斎藤喜博は職場の仲間と共に校長と闘い、自分を守り、実践で武装し対立の中で自分の実践を作り出していった。そしてその過程で教師としての姿勢もできたと述べている。

二人目の校長は、一九三五年（昭和十年）途中退職し、二年半で玉村小を去った。そのとき、「草原」第一号を発行した。「土耀会」という研究機関と「草原」という機関誌を校内に作り発行していくことになる。その頃詠んだ短歌。

ふるさとに帰りし君をこひおもふ心かなしく夜半さめてをり（昭和十年）
逢ひがたき君をかなしみ川原に穂草なびくを見て過ぎにけり（昭和十一年）
（『可能性に生きる』）

斎藤喜博は十八歳、師範学校五年のとき、初めて短歌を作り、短歌雑誌や新聞などへ投稿するようになる。二十一歳のときアララギに加入し、後々まで土屋文明の指導を受け、師と仰ぐようになる。またこの年初めて雑誌に「漢字の負債」を投稿。次々と教育実践を発表する。

心の悩み、痛みは青年時代誰もが経験することであり、それはまた人生そのものをも左右することでもある。人を思う、人を恋することは、いかなる時代にあっても青年の心に必ず訪れる。

一九三四年（昭和九年）八月に迎えた新しい校長は次の年の四月に病によって急死。また新しい校長を迎えることになった。

四人目の校長は、その後一九四一年まで五年間を共にする。斎藤は六年女組を卒業させるとそのまま高等科一年へと持ち上がった。その子どもたちを高等科二年まで担任し、合わせて七年間教えたことになる。珍しいケースといってよく、島小の校長になったとき、やはり同じように一年から卒業するまでの六年間を同一教師に担任させている。

新しい校長とも対立することになる。校長は本も読み、教育理論も持っていた。問題の一つは教室の教卓。どこの学校でも教室には黒板を背に子どもと向き合うために教卓がある。教壇もあって一段高いところから指導する型がとられている。戦後は教壇をなくしたが、また復活しているところもある。玉村小では教壇もなく教卓も中央に置かず脇の方に置き、教師と子どもが直に対面していた。校長は教卓を中央に置き教師は教師らしく、権威をもって指導に当たるべきと指示した。これに職員が反対したのである。わずか一間の違いではないかという校長の主張に反対したのである。

校長はまた次の年に、全職員が一年に一回研究授業を行う案を出したり、形式さえ整えておけばよいという考えを押しつけたりしていた。校長との対立が続き、農村不況で外では不況の嵐。校長はそれを考えて、職員の帰校を遅らせるべくその知らせの拍子木を四時から五時、六時へと職員の帰宅時間を遅らせようとした。

そのようなとき、校長とのやり取りの中で斎藤は「形式的な学校行事を盛りだくさんに作られても教師は、その日の仕事を整理したり、明日の授業の準備をしたり、自分の勉強をしたりすることはできない。一週五日にして、日曜以外にも一日休みがあるくらいが良い」と主張した。と、校長は珍しく怒り出し、「そういう人はそういう学校へ行って下さい」と言われる。

高等科一年になった子どもたちは、新しい科目に入った農業科で平均点九十点をとるほどの成績を取り、女学校へ進んだ子どもが女学校の授業がつまらないと言って斎藤のところへ戻りたいというほどだった。

また、この子どもたちが高等科二年のときに家庭科の研究授業を行った。専科の女性教師が教えたとき県から来校した視学は、料理法、栄養分析の能力に驚き、女学校の生徒もあれほどはできないであろうといって、子どもたちの学力の高さと人間的なよさを評価している。

しかし、同時に同じ学校の中に知識偏重、受験中心の教師もおり、女学校希望者を全員合格させる教師もいて、その教師を村の人たちが、こぞって「すごい」と褒めている一面もあった。学校というところは教師一人ひとりに任されて教育が行われる。学校という大枠があっても結局は一人ひとりの教師の力量、人格に左右され、その能力とその人間性に負うところが大である。特に学力という一面から見れば高い点数や入学試験が伴うとなれば、その合格率がものをいうのも当然であろう。

職場の外、国内はさらに非常事態勢へと移行していた。国体明徴の訓令、天皇機関説問題、二・二六事件、日独防共協定等。国家の戦争移行の中で学校も出征兵士の歓送、戦勝祈願の神社参拝、宮城遥拝、慰問文を書かせ、慰問袋を子どもたちに作らせるようになっていった。

そうした中で一九三七年（昭和十二年）校内研究会において「自己完成の教育」を発表する。

この年、斎藤は教師になってから高等科二年まで教えた子どもたちを卒業させ、六年女組の担任となっていた。

「国賊」とは、戦前は、国の方針に反対したり、批判する者に対してそう呼んでいた。最も屈辱した言葉で社会的存在をも危ぶまれるほどの言葉である。斎藤喜博は職場の同僚からそう指摘されるようになる。

自己完成の教育の趣旨は「種子には、それ自体に発芽し成長していく力がある。教育においても、子どもたちは自分を成長させ完成させていく力と、意欲を持っている」というもの。当然すぎる論である。しかし校長は、自己という言葉に「自己完成というのは自分だけを大切にする考え方になる。国家と個人とどちらが先と考えるか」と。斎藤は「個人あって国家がある」と答える。校長は、「その発言を取り消すよう、もし取り消さなければ教壇から追放すべき」と。「取り消しません。」そういうやりとりに若い同僚の男の教師が、「それは国賊だ」とポツリと言ったわけである。

教師は児童を鍛錬すること、それを「日本主義教育」というのが当時の教育状況であった。

一九三八年（昭和十八年）五月、県の視学が来校、全校の授業を参観する。午後の批評会で「この学校の教育は自由教育だ。なまぬるいことをやっていては駄目だ」と訓辞。それに対して職員から、次々と質問を出し、視学も困るという状況もあった。

一九四〇年（昭和十五年）二十九歳。四月、四年生男女組を持ち上がりとなる。校長も新しい校長を迎えた。やさしい人だと述べており、個人的にも次の年、三月の斎藤の結婚の媒酌人となった人である。

若い教師が斎藤のまわりに集まり実践記録を見せたり、教材の質問などをしていた。この新しい校長で五人目であった。三年間を共にし、玉村小十三年目を終了する。やさしいという校長も時代の趨勢に巻き込まれていったということであろうか。

翌一九四一年（昭和十六年）かつての同僚が戻って来る。「土耀会」のメンバーの一人であり、「法を改めればいい」と言った同僚である。この年、十二月八日、太平洋戦争が始まり尋常小学校は国民学校と変わっていく。「土耀会」メンバーも転任させられていった。そうした中で問題が起きた。

職員室の出勤簿を職員室から校長室に移し、同時に皇大神宮の大麻も校長室へ移して校長の前で二拝二拍手をするというものであった。このことに戻って来た同僚から反対するように言われ、その通りにすると逆に、その同僚が賛成するという反逆に合う。もう一つは、朝礼のときの会礼である。校長、職員と子どもが対面し、子どもたちは合図に従って校長、先生方に対しての会礼である。それを職員も子どもたちと同じく校長に対して会礼をするというものである。その理由は、学校においては校長は君にあたる。職員は臣であるというものであった。

こうしたことに反対し校長、学校体制と対立し仲間も去って孤立した状態に立たされていった。「土耀会」も解散する。窒息するような息苦しい空気と、のちに書くような生活を送り、三学期を終了させると、新年度は自らの母校、芝根小学校へと転任して行った。この玉村小最後の年、一九四一年（昭和十六年）の三月、三十歳にして結婚した。また最後の三年間に『教室愛』『ゆずの花』『教室記』の三冊を出版し二十代の実践を世に問うている。

二十代とはどういう時代か。それは自己と大きな社会とが初めてぶつかり闘う時代といえよう。親や学校の庇護もない自らの力で問題にぶつかりながら、なすべき仕事をやり遂げていく時期である。いつの時代もそうであろうが、この昭和の戦争の時代に社会と向き合わなければならなかったということは、決して簡単に、単純にその善し悪しを説明することはできないであろう。今日この戦争を肯定する声はほとんど聞こえてこない。そういう時代の形成に協力させられた教育のその現場にいて、その現場から冷たい目で見られ窒息しそうに過ごしながら仕事をした斎藤喜博は、その頃のことを戦争の誤りであることを知らなかった。しかし私の強みは、自分の教室があり、自分の学級の子どもが事実としてあるということだと述べている。

斎藤喜博の二十代は玉村小十三年間の仕事の中で教育の本質を把握し、具体的な指導法を生み出していったこと、何よりその結果としての子どもたちの姿であろう。教育はこのような子どもを育てることができるという事実を示した。

第二章　想が湧いたならすぐ筆をとれ

——書く・記録する——

〈想が湧いたならすぐ筆をとれ

これはずっと前にあったことです。

深夜、ふと眼がさめました。眠ろうとしても、なかなか眠れないので、私は、いろいろの考えごとなど、それからそれへと、しつづけていました。そのうちにふっと頭のなかへひじょうによい詩が浮かびあがってきたのです。私はそれを頭のなかでまとめながら、いくたびもいくたびも、くり返し読んでみると、ほんとうに思いどおりにできたので、うれしかった私は、すぐに紙に書きつけようとしたのですが、――まくらもとには、ペンも紙もなかったので、明日の朝まで待つことにしてしまいました。

朝になってみると、どうしたものか夕べの詩は、どう考えてもどう苦しんでも、思い出すことができませんでした。

私は、このことがあってからというもの、夜ねるときには、いまでも枕もとへ、紙とペンを置くようになりました。

散歩のときにも、学校の行き帰りにも、お使いに行くときにも、つねに忘れず、紙と鉛筆だけは、持つことに決めました。
ほんとうに、詩や文の想は、頭へ湧いたときを逃さず書き留めておかないと、たちまち消え去ってしまうものです。〉（昭和九年「佳い綴り方」）

右の文は小学生を対象としたもので「文話」という形で当時の綴り方雑誌「佳い綴り方」（昭和九年十一月号）に載せている。

「文話」とは聞き慣れない言葉である。子どもたちに指導するとき、小学校の場合、大人同士のような、話し方は通用しない。わかるように話さなければならない。それは今も変わらないことである。教室における授業で指導の言葉は、その時間が過ぎてしまえば消える。黒板に書いたとしても、授業後に消してしまえば、一時間の授業の内容は、指導を受けた子どもたちの頭の中と、授業をした教師の頭の中にしか残らない。極端なことをいえば消えてしまう。言葉とはそういうものである。消えてしまうということは、忘れられてしまうということでもある。

どうしたら持続的に、常に子どもたちに伝え、学んでもらうか。その方法が、この文話という形の指導であったと思う。

斎藤喜博は、子どもたちに様々なことを教えている。教科を教えながら、日記を書くこと、詩や綴り方も。しかし、それらを今日のように作文ともいわないし、詩とも俳句とも短歌（和歌）ともいわない。詩という言葉も使っていない。

斎藤自身いっているように、当時は授業の中に組み込まれていた綴り方を、長い綴り方、児童詩を短い綴り方、あるいは調子のある綴り方と表現している。それぞれの子どもの作品を見ると、長い綴り方に出てくるのは、例えば「上野からの一人旅」（六年女子）という題のもとに、初めて上野から新町までの車内の様子を描いている。今の作文に当たるであろう。やや長文ながら車内の様子、できごとをさわやかに描いている。

短い綴り方を見ると、

忘れ物（三年男子）

読本を忘れた日

先生の顔をみいみい
隣の人の読本をみていた

雨の日（三年女子）

木の芽がふくらんで
木の芽の先に
しずくが青く光っている

というように、まさに詩である。子どもらしい心清らかさというか、透明さが感じとれる詩である。そして調子のある綴り方を見ると、

朝起きて庭をみたらば春雨がかわいた土地《つち》にしとしととふる（五年男子）

満月が松山の上にのぼり川瀬の音のきゆる夕べ（高一女子）

となり、この調子のある綴り方は短歌に通じている。

あくまでも子どもたちにわかるように指導した結果である。

斎藤喜博の子どもへの指導の言葉は、こうした文話の形で残っている。わかり易いのが特徴である。このわかり易い言葉や、短歌といわず、俳句といわず、あくまでも子どもの現実を見て、子どもに添った具体的な言葉や形（文話）をとっている。こうした「書く」ということの方法は、どこから学びどのように生まれてきたのか。

斎藤喜博の幼少の頃の回顧によれば、文章を読むことは好きであって、兄、姉の本をときに盗み見するほどであり、小学生の頃、両親や近所の大人に新聞を声を出して読んでやっていたという。文字に対する抵抗はなく、むしろ楽しんで読んでいたことがわかる。

孤独を好み、一人でいることが多かったということは、思春期になるとさらにすすみ、十四歳で師範学校に入ってからは、寮生活ということもあり、また師範学校特有の校風にも、軍隊同様の寮生活にもなじめず、一人図書館にこもって、片っ端から読んだ。全ての本を読みこなすという意気込みを持って臨んだこともあり、読書についても、この時期から本格的に大人の書物へと入っていき、新しい世界への歓喜と期待を持っていたのではないだろうか。

小学校六年間と、その先二年の高等小学校時代まで、着物で通学した生活から、前橋という都市、県の中心地で、初めて洋服と革靴の洋風、近代的生活が始まったのである。この変化は十四歳の少年、田舎から都市へという生活の変化は、どれだけ大きな心の変容をもたらしたか。また、もたらさなかったか。

かつての日本の言葉に「青雲の志」というものがあった。明治維新以降の青年は、西洋近代の思想に触れ、教育の普及によって多くの若者が立身出世を夢見、「青雲の志」を抱き都市に出て成功を納め、郷土に錦を飾るという一つの生き方があった。そのために学校で学び、自らも日夜を問わず学び、心身を鍛えて、その力で社会に出て行った。

斎藤喜博の子ども時代は、明治が終わり大正という新しい時代に入ったとき、いってみれば時代の変化、新しい時代の到来が予感されるときに当たり、小学入学から師範入学の昭和になるまでの大正デモクラシーの時代に当たる。

　小学入学から高等小学校卒業までの八年間、いってみれば、第一次世界大戦後の好景気にも恵まれ、日本はある種の高揚期でもあった。教育もさらに普及していった。斎藤喜博の回想の中にも、地方にもかかわらず、運動会のときには、オルガンを校庭に出して、その伴奏で女子のダンスが、日本人にはおなじみにして懐かしい曲「美しき天然」を踊り、また、驚くことにはバイオリンを弾く先生が二人、オルガンの側でオルガンと合わせて伴奏していたという。のんびりした時代だったといっている。

　また、教科の中で「謡曲」という言葉が出てきたときには、担任の先生が校長先生をお連れして謡曲の実演をしてもらったこと。また、そのとき校長先生に教卓の上にあがってもらって、そこで実演し、謡曲とはどういうものかを実指導したという。何と、のどかな微笑しい授業か。大正デモクラシーのデモクラシーという言葉「民主主義」という意味が、当時の日本人が都会も地方も共に、共有していたことがわかる。

　余談であるが、当時バイオリンやテニスが流行し、バイオリンの全国頒布会が行われ、地方でも購入しやすく、バイオリンを楽しむことができたようである。

また、斎藤喜博の小学校時代の様子を見ていると、貧しい地方農村といっても、一月一日元旦の日から十二月三十一日の大晦日に至る村の生活は、農村行事と共に、地域々々の少々の違いを持ちながら、子どもから大人、老人も含め、全ての人がそれぞれの役割を持ちながら行われ、豊かであったようだ。地域は持続可能な仕組みの上に成り立っていたことがわかる。

もう一つ、心象風景として残ったのは、周辺の、また、生活の場の、自然の変化である。四季の変化、遠くの山々、近くの利根川、支流の川の瀬音や、咲く草花、川で働く人々の姿。至るところにあった雑木林の四季の変化である。日本の四季は美しい。誰の眼にも映る風景であっても、人それぞれで、心に焼きつけられる人と、そうでない人とがいる。斎藤喜博には、それら周辺の四季折々の変化の、ほんの小さな変化をも、心に刻み込まれたようである。それらが後々、文章となって外に表出してくる。教育の場で、またもう一つの表現活動の短歌の世界に。

戦後のことであるが、一九四七年（昭和二十二年）の関東地方を襲ったカスリン台風によって、生家にあった数千冊の蔵書が水浸しになって失ったりしたことを記している。

たくさんの本を広範囲に読んでいたことは著作を読むとわかる。

斎藤の書いたものが、多くの人の目に留まったのは、おそらく十八歳のとき、師範五年のときではないだろうか。一九二九年（昭和四年）のときで、十一月に水戸地方で行われた陸軍演習終了後、茨城、栃木、群馬三県の青年学生と共に、天皇の前で分列行進をし、その感想文が学校から選ばれて県庁へ提出された。題は「御親閲の光栄に浴し奉りて」というものである。

書くということは、記録することである。人はなぜ記録するのか。人は文字以前の時代には絵を通して。スペインアルタミラの洞窟の力強い動物の絵。中学生は、採集生活を支える獲物を欲しい気持ちが、その絵を描かせたと理解する。記録ということには何らかの希いがあるということがわかる。そして記録は残る。残ることによってメッセージとなる。伝えることとなる。書く人の心が、想いが伝わり残る。記録とはそういう性質を持つ。文字を知ることによって多くの人が書く。書き留めておくだけで終わってしまうことも多い。

書いたものを発表するとなると、少し違ってくる。公表することは誰にでもできるものではない。公表は自分を丸ごと表出することになる。世間に自分をさらすことに。不特定多数の人々の目に触れ、それによって新たな展開が、もたらされる。様々な反応だ。善くも悪くも覚悟が迫られる。多くの人は書いても、そのまま自分の元に留め、それに満足してしまう人も多い。

斎藤喜博の書いたものは膨大である。教師になって書くことが多くなり、毎日の授業を始め、日記指導、日録等。それらを発表するようになる。書いて発表することに、どんな考えを持っていたのか。

先に、天皇の前での分列行進感想文が最初の公表の文章と書いたが、同じ十八歳のとき、短歌を作り、それが初めて地元新聞や短歌雑誌に掲載されている。この投稿も、のちに教育雑誌に実践記録や教育論を投稿したとき、本名での投稿、掲載に抵抗を感じて、気恥ずかしいのでという理由で筆名を使っている。

斎藤喜博も最初は、自分を離れていく文章や短歌の発表に気恥ずかしい気持ちと、家族に知られたくないという気持ちを持っていた。しかしのちに、膨大な著述の過程で、発表に伴う様々な反応に対して、ときには批判に対しても決してひるむことなく、次の文章で応えていった。

一九三〇年（昭和五年）十九歳。玉村小に赴任。二年担任。

教師になってからの文章を見てみると、まず赴任した年の五月に校内文集「玉成」一号に「万座まで」を発表している。これは、師範卒業の前年、十八歳のとき、八月の夏休み中、短期現役講習生として高崎十五連隊に、三週間入営しその後、友人と浅間山を登ったり、万座・草津へ五日間の無銭旅行をしているので、そのときのことを文章にしたのであろう。

また、その後の七月には、今でも新任教師に課せられている研究授業を行い、普通なら一枚で仕上げるものを四、五枚にも及ぶ指導案を書いている。対象は小学校二年の優秀児の組。この授業は、校長から激賞されている。

このように見てくると、読むことと同じく書くということにも抵抗がなかったのであろう。単に頭に浮かんだことを書くのではなく、次々と浮かぶ言葉を何度も何度もくり返し考えながら、一つの形にまとめる。そのまとまったものを、大事なものと考え、それを書き留める。一つのことをくり返し考えながら、一つの考えにまとめていく。斎藤喜博の書くという作業は、そういう一面を持ちながら、書くときの本質となっていったといえよう。「想が湧いたならすぐ筆をとれ」の想を何度も何度もくり返し考えて一つにまとめていくということから生まれる文章は、具体的でわかり易いということがいえるのではないだろうか。

文章以外の、もう一つの書く作業が短歌である。三十一文字に己を託す。この短い表現を十八歳、師範学校時代に始め、短歌雑誌、地元新聞に十三首が掲載されている。筆名を使っている。二十二歳でアララギに入会した。

斎藤喜博の小学校教師としての実践記録と教育論の本格的な執筆活動は、二十三歳から始まる。一九三四年（昭和九年）教師歴五年目である。実名での発表となる。この年発表したのは、次の通りである。

一九三四年（昭和九年）
二月、「漢字の負債」（教育論叢）
三月、「分団貯金・学級貯金」（教育論叢）

八月～十一月、「病中雑記」（教育論叢）
十一月、「想が湧いたらすぐ筆をとれ（文話）」（佳い綴り方）
十二月、「漢字練習一覧カード」（高崎博文社）

「漢字の負債」とは、変わった題名である。教育論初めての雑誌掲載であり、本名を名乗っている。

内容は今も同じ漢字学習についてである。

子どもたちが、漢字に悩み、苦しみ、莫大な時間と労力をかけている。ただ読めない子どもたちに、同僚たちは「読めるようにしてこい」としか言っていない。その打開に努めようとしない。現実はそれだけでなく、子どもたちの語彙不足は、語彙の貧弱さは、それ以上に問題でそのため文章学習が困難になっている。それらを打開するためにと、斎藤はあっさりという。簡単である。「つもりつもった漢字の負債を清算すること」。そして「一刻も早く文章が読めるようにすることである」といい、その方法を具体的に示したのがこの「漢字の負債」である。この中で、示された方法でやると、一時間で五百字以上の漢字学習ができるという。

なぜ漢字の学習をするのか。それは文章を読むことができるようにすることであり、読むということが生活の根源であるからと。人類の文化生活は文字文章によって支配されている。子どもたちの学習生活においても、読むことが学習のすべてを支配している。そして漢字がわからなければ文章学習は成り立たない。実に読み方の力はすべての教科の根源である。

こうした考えのもとで斎藤は、具体的に漢字の学習法を示したのがこの「漢字の負債」という初めての教育論であり、実践法であった。今でも十分に役立ち、利用できる方法である。

三月に発表された「分団貯金・学級貯金」というのは、学校ではいろいろ経費がかかる。当時の農村は不況で学校予算も少ない。十分な教育ができない。そこで斎藤は自分の俸給から毎月いくらかかを学級用にまわしていた。画用紙とか模造紙とかを買うために。それで子どもたちが自分たちも小遣いを持ち寄ろうということになり、当時のお金で一銭、二銭というお金を学級の中の分団に寄付することになった。その様子を書いたものである。一人ひとりがいくら寄付し、何に使ったかをきちんと記録している。

恐らくこのような実践例は、あまり聞いたことがないかもしれない。決して短い文章ではなく、教育の現状を報告し、教育はどうあるべきか、そのための現在の問題は何か。その解決のために行った子どもの立場に立った実践である。

当時は不況もひどく教師の俸給も遅配されていた。

この年、二十三歳の斎藤は四月に六年女組を持ち上がり担任となった。この組を担任した四月は、前年度三月から病気欠勤となって、五月初めに出勤するという状況にあった。

そういう中で、夏休みの八月は行きつけの四万温泉で療養を兼ねて休養し、その月から「病中雑記」を、教育論叢誌に執筆し、十一月号まで続いた。さらに、十一月号の「佳い綴り方」に「想が湧いたらすぐ筆をとれ」を発表し、十二月には「漢字練習一覧カード」を発行している。

「病中雑記」とは、三月から五月にかけての病気欠勤中の様子を記録したもので、身体の状況、見舞いの先生、子ども見舞い品（卵が目立つ）など、具体的かつ詳細である。

教師としての心の揺れなど、青年らしい様子。しかし孤独を好む斎藤の姿とは異なり、多くの仲間が、毎日のように来訪しているところは、いかなる存在であったかがわかる。

一九三五年（昭和十年）二十四歳、六年目に発表したものは、次の通りである。高等科一年を持ち上がり担任。

四月、「農村読み方教育雑感」（教育論叢）
六月、「私たちの学級生活」（教育論叢）
八月、「読み方教育における朗読について」（「草原」第一号）
八月、「草原」編集後記
十一月、「放課後小言（一）訓導〜訓練」
短歌、四十首、アララギ掲載

この年、斎藤喜博は、土屋文明と初対面を果たし、土屋宅にも泊めてもらい歌会にも出席、毎月投稿し、アララギ誌上に掲載される。

「農村読み方教育雑感」には、教育とは本来「児童の現実に出発し、児童の心の上に帰るものでなくてはならない。」という考えを示し、当時の教育界の農村読み方教育の在り方を通して、「教科を教えることが教育である前に、あすの生活に悩む彼らへの味方となり、貧しくいじらしい彼らの立場を考えてやることが、それ以上の教育でなければならない。」村の児童のため、「村の児童に幸ある教育方法を打ち立てたいと切に願う」と述べている。中央中心の教育論、方法をうのみにする現状に対する鋭い指摘を行っている。

「私たちの学級生活」においては、五年間持ち上がって、無事小学校を卒業して行った七十余名の子どもたちを思いながら、その学校生活を子どもたちと教師の関係を「つねに相愛し、相敬し、同情し合って両者の間に心からなる学級生活、あらたなる一日一日の生活を築くべく、血みどろの奮闘をなしていた。」と「幸福な過去に満足しきっており、これからの生活に喜ばしい期待を持っている」と書いている。

戦前は、小学校六年卒業で奉公や工場などへ働きに出るものもあり、この七十余名のうち高等小学校へ進み、再び斎藤の担任となったのは五十二名である。恵まれた家庭の子は女学校へと進学して行った。しかし、斎藤のこの文章を読むと、いかに教育に力を注ぎ、日々喜びに満ちた生活をしていたかがわかる。教育という仕事が一人の青年教師を、こうも感激させるとは、今日多くの教師にぜひ読んでもらい、自らの実践に磨きをかけ、斎藤と同じような感激を味わってもらいたいものである。

八月には「読み方教育における朗読」を校内研究誌「草原」第一号に載せている。読み方、今の国語教育の中での読むこと。音読、黙読、斉読、群読とある。戦後教育では音読は後退し、黙読中心となっていたが、戦前において斎藤の主張は、朗々と歌い上げる朗読と、みなが一緒に行う斉読をすすめている。

「草原」は、待ちに待った校内研究誌。編集を斎藤が行い、その編集後記を書いている。

〈「草原第一号は生まれました。一号一号我らの力と勇気、努力と悦びの結晶でありたいと思います。一号一号が玉村小学校の成長の歴史を物語っていきたいと思います。」〉と格調高く書く。「草原」は、その後一九四三年（昭和十八年）まで、十号を出す。また、「草原」第一号にはK・S姓で「私の教育帖より（一）」を載せている。現在のツイッター、あるいはつぶやき教育論と言ってもいい。例えば、

教育愛

〈熱、意気、愛は、すべての技巧にまさるという言葉は真理である。されどそれは決して盲目的、感情的の愛であってはならない。熱、意気、愛の背後には、常に教育的、知的、科学的な態度が厳然とひそみ基本となっていなければならない。それが真の教育愛である。〉

というように。「子ども」「学級経営者」など六項目の文章が載る。十号の最終号まで掲載されている。

十月の「放課後小言（一）」訓導〜訓練も教育論である。決して戦前の教育論だからと色褪せてはいない。

一九三六年（昭和十一年）二十五歳。四月に高等科二年の担任。七年間教えた子ども

たちとの最後の年である。この年の記録の発表は次の通りである。

一月、「放課後小言（二）」情熱〜決議十二項目
二月、「修学旅行」（教育論叢）
三月、「放課後小言（三）」教え子〜発見十四項目（教育論叢）
八月、「放課後小言（四）」訓導の幸福〜親と子ども供十項目（教育論叢）
短歌、六十一首　アララギ掲載

「放課後小言」は、「草原」第一号に載せた「私の教育帖より」と同じようにつぶやきに似た教育論である。例えば、その中の一つ「情熱」の項を見ると、次のように書いている。

情熱

〈情熱とは教師の情熱で子どもの心を揺るがすことだ。どんな劣等生でも、どんな

にかたくなな子どもでも、どんなに怠け心の子どもでも、情熱は彼らをゆすぶり、動かし、ついに起たせずにはやまないのだ。教師の情熱には愛があり、努力があり、研究があり、工夫がある。ひたむきな児童への突進がある。〉

「記録」について、「われわれは悩むことによって問題をつかみ、記録することによってその解決をはからなくては、ならない。」と自らが記録する意義を明確に語っている。明治以降の日本近代教育の成果はいろいろある。その中で修学旅行というのは、明治も早い段階で始まり、全国に中学校ができると、すぐにとり入れられた。例えば福島県郡山市の安積中学校は、隣県栃木の日光へ来ている。明治二十年代でである。

「修学旅行」という記録は、二日間の東京への修学旅行の中で一生徒との、思いもかけない心の交流を綴っている。教師としての斎藤喜博の子どもたちへの普段の慈しみが、しみじみと伝わってくる。

この年は、斎藤が長期病気欠勤した年で、子どもたち七十余名が、毎日地元の八幡様へ病気快癒の祈願をしていた。そしてその境内に記念碑が建てられた年でもあった。

一九三七年（昭和十二年）二十六歳。七年間教えた子どもたちが卒業。六年女組担当。この年の実践記録の発表は少ない。

十月、「放課後小言（五）」学級経営者～劣等生の世界九項目（教育論叢）
十一月、「日記をつける注意（文話）」（佳い綴り方）
短歌、五十三首　アララギ掲載

「学級経営者」の項では、できるだけ雑務を省いてほしいという願いは、学級経営に全力を注ぎたいという希求であると書く。昔も今も学校の状況は変わっていないということか。

この年から五年間、校長との対立が激しくなり、さらに日中戦争が始まり、国体の本義が配布され、世は戦争体制へと入っていった。この体制こそ国家主義体制であり、教育が大きく関わることになって行った。

生きていくということは、どういうことか。自給自足を基本とした農業中心の社会から、明治近代国家は、数多くの勤労者を必要とし、様々な仕事、職業が生み出され、給料取りの生活者が生まれた。戦前において農業は主たる産業であったが、「月給取り」という新しい職業が生まれ、ある種、憧れられるものになった。特に一時もてはやされたホワイトカラー。教師は、その仲間である。

そういう働き方の人たちは、どう生きればよいのか。決まった仕事をそつなくこなすのが第一であり、そこに工夫や目に見える努力があればなお良く、さらに、周囲にプラスになり、全体をより発展向上させればなお良しとなろう。

しかし、そういうことが反対になったら、どうすればよいのか。組織の中の長とは何者か。学校という組織における校長は、同僚とは違う。権力者であるといってよいだろう。

二十六歳の斎藤は、その校長と対立した。

一九三八年（昭和十三年）二十七歳、五年男女組担任。

この年、国家総動員法が発令され、戦時体制へと移っていった。二十七歳の斎藤はそれでも自分の実践を続け、記録も発表し、校内研究会の発表も行い、作歌活動も続けている。

五月、「ひがみ矯正」（教育論叢）
七月、「真実の教育にあこがれて」教員～教育者五項目（教育論叢）
八月、「子供の姿」（教育論叢）
短歌、五十二首　アララギ掲載

「ひがみ矯正」では、親も困っていた一人の子どもの例を書いている。子どもの、少し問題のある子どもの指導は、どうすればよいかということの一つが示唆されている。「真実の教育にあこがれて」の中には、「職員」「成績通知表」「賞罰」「日記検閲」「教育者」などの項があって、斎藤の考えが述べられている。それら一つひとつの考えは、今日なお生き生きと、読む者の心に迫り納得できるものである。二十代にして、斎藤は教育の本質を把握し、それに基づいた実践をしていたといえよう。いや、実践を通して教育の基本法則を把握したということであろう。子どもたちの日々の姿、指導の結果として生まれる子どもたちの姿にそれを見い出したのである。

この年、校内において発表した「自己完成の教育」について、「国家と個人とどちらが先か」の校長との問答事件があって、校長から「国家より個人が先」という発言をとり消すようにいわれたり、同僚から「国賊」といわれたりしていた。県からも「自由主義教育の学校」といわれるようになっていた。この年一月「満蒙開拓青少年義勇軍」の募集が始まった。

一九三九年（昭和十四年）二十八歳。三年男女組担任。この年の記録発表は、次の通り。

三月、「S先生」（教育論叢）
九月、「盗癖児の発見」（教育論叢）
九月、「玉村における合科教育の実践」（群馬初等教育会発行）
十月、「考えを熟させる（文話）」（佳い綴り方）
十一月、「綴り方教育の覚悟」（綴り方教育）

十二月、「時局と子供」（教育論叢）
十二月、「題がない（文話）」（佳い綴り方）
短歌、四十二首　アララギ掲載

「玉村における合科教育の実践」は、九月に群馬女子師範において研究発表したもの。昭和二年から始まった玉村小の合科教育は、学校の独自性を持ったもので、一つは低学年の未分科教育という形をとって展開してきていた。その考え方、実践の方法、さらに授業の実際を示すと共に私見をも含めた長文の研究論文である。この中に見られる「独自学習」「相互学習」という指導法は、戦後の島小の授業の中にも反映されている。こうした記録が残っていることは貴重であり、有形の遺産である。

一九四〇年（昭和十五年）二十九歳。四年男女組持ち上がり担任。玉村高等実科女学校国語教師も兼ねるようになる。また、女学校で教えていた富永文代と婚約し、次の年、三十歳になって結婚した。

十一月、紀元二千六百年の年の祝賀行事が行われた。

一月、「草原」第二号、編集後記
一月、「合科教育私見」（草原第二号）
二月、「自然の子」（教育論叢）
三月、「草原」第三号、編集後記
三月、「お米の勉強」の学習記録（草原第三号）
五月、「率直な明朗な子供（S子ちゃん）」（教育論叢）
七月、「学級教育について」（教育論叢）
九月、「草原」第四号、編集後記
九月、「一すじの道」（草原第四号）
十月、「子供の日記を見て」（教育論叢）
十二月、「七年の持ち上がり」（教育論叢）
短歌、四十二首　アララギ掲載

校内誌「草原」も創刊から五年が過ぎての第二号の発行である。続いて三、四号を継続して出している。二号の編集後記に「私の怠慢とある逡巡のため、のびのびになった」と述べると共に、三編の断想を載せ、それについて、「草原の中に座して肝胆相照らす友と、また私淑する恩師、先輩と自己の教え子たちとしみじみと自己を語り人生を語る楽しさをここに見いだす。」と述べて「未曾有の聖戦下」の言葉も使われる時代にあって、「草原」への投稿と編集は、心の慰めになったのではないだろうか。

この年三月に、東北各地で行われていた「綴り方教育」関係教師三百名が拘束されている。

一九四一年（昭和十六年）三十歳。五年生持ち上がり。この年、初任期から病気に見舞われ病弱気味だった健康も回復し、五カ年皆勤で郡教育会から表彰を受ける。また、結婚という人生一大行事も迎え、心身共に次へのステップ台に立ったといってよい。しかし、この年の暮れから太平洋戦争が始まり、学校教育も、国家社会も、今までとは全く異なる満州事変以来の非常事態下から、戦争体制下の教育、また生活となった。

そうした中でも斎藤は、斎藤らしい自らの教育を実践、教育を追求していった。各月ごとに何らかの執筆なり、実践記録を発表し、初任からの教育の一つの区切りというか、まとめとして六月、三崎書房から、『教室愛』を、最初の本格的な書を世に出した。初めて教師になって十一年、十年間の実践、教育の結晶である。

一月、「草原」第五号、編集後記
一月、「可愛い子供達」（教育論叢）
五月、「草原」第六号、編集後記
六月、『教室愛』（三崎書房）
九月、「草原」第七号、編集後記
九月、「達夫君の日記」（草原第七号）
短歌、三十一首　アララギ掲載

本格的な一冊の書物となった『教室愛』は斎藤喜博の十九歳の初任から玉村小学校勤務十三年のうちの十一年間の実践から生まれたもので、その中味は次のようである。

○私の組の教育（劣生がいない、競争を認めない、自己完成、心を育てる、指導技術、教育の道、父兄へのことば、こういう子どもを育てたい）
○病中の私と学級の子ども（感慨無量、病中回顧、学級からの手紙、児童からの手紙、事件二つ、児童の日記）
○学級の喜び（子どもの綴り方、打開）
○放課後の子ども一〇九項目

『教室愛』という題について、斎藤本人は本意ではなく「教室愛による教育」というようには、とりたくないといっている。「教室全体にみなぎる暖かい空気」とかいうような意味にとりたいと述べている。

この『教室愛』は、次の年、一月に再版され、さらに三版を重ねて、多くの人たちに読まれたことがわかる。

一九四二年（昭和十七年）三十一歳。六年の持ち上がり。

つくづく思う。孔子『論語』に出てくる。「吾十有五而志学、三十而立、四十而不惑、五十而知天命、六十而耳順、七十而従心所欲、不踰矩」

斎藤喜博の一生は、まさに『論語』にいう孔子と同じく、十四歳で教師をめざして師範に学び、三十歳になって結婚し、一人前として社会的にも認知され、四十歳代になって、戦後の混乱を経て「島小学校」の校長として十一年間その仕事に全力を注ぎ、大きな反響と影響を教育界に与える仕事をした。

「教育とはこういうもの」と具体的に示した。四十代の心身共に力のみなぎった季《とき》に当たっていた。参観した人たちはそこに斎藤喜博の揺るぎない力を感じたはずだ。まさに不惑。

その後の斎藤は二つの学校の校長を務めた。しかし、亡くなるまでの斎藤は自らが何をなすべきかを知り、そのために全力を尽くした。退職してからの行動は、まさに天命のままに走り続けたように思う。孔子の人生そのままである。

一九四二年（昭和十七年）この年が初任で来た玉村小学校最後の年である。

一九四三年（昭和十八年）三月までがその任期となり、十三年に及ぶ玉村小学校の勤務が終わり、母校芝根小学校へ初転勤となっていく。

教師になった十九歳からの斎藤喜博の教育と実践と、その記録、著書を一つのまとまりとしてみてきた。

教師の仕事は教室における教科の指導であり、授業が中心の仕事である。斎藤喜博の記録はそこから生まれてきたものである。

一月、「草原」第八号、編集後記
一月、『教室愛』再出版
五月、「草原」第九号、編集後記
五月、「子供のけんか」（草原第九号）
八月、『ゆずの花』三百部、文禄社
九月、「教育新辞書を奨む」（群馬県教育）

一九四三年（昭和十八年）

一月、「草原」第十号最終号、編集後記

「終刊の辞」

二月、『教室愛』三版

四月より芝根国民学校へ異動。

五月、『教室記』（鮎書房）

十二月、「心滴集を読む」（群馬県教育）

短歌、二十首　アララギ掲載

「草原」には一号から著名な人の言葉が載せられている。九号は、時代のせいで明治天皇の歌が最初の頁に出てくるが、一号から、廣瀬淡窓、吉田松陰、ヒルテイ、西行、芭蕉、一茶、宮沢賢治、二宮尊徳、矢内原忠雄、アンドレ・モロウ、山鹿素行、弥永昌吉、ロダン、エミール、ペスタロッチ、宮本武蔵、百田宗治、西郷南州などなど。ヒルテイの言葉は何度も掲載されている。

後々、斎藤喜博は自ら編集して雑誌や研究誌を発行しているが、すでに二十代の早い段階から、こうした才能を表出していたことがわかる。九号では、十号が最終号とは予想しておらず、特集号にして「草原」に掲載された実践記録などを「草原叢書」として出版する考えが示されている。しかし、時代はそれを許さず、次号は最終号となり、終刊の辞を書くことになった。

そのことば「私の勝手でやめてしまうことは言語道断、お許し願うよりいたしかたない」と述べ、いきさつには触れずにいる。今後の教育者の在り方は、「草原」と「談話会」の実践の方向への活動が必要となろうと述べている。

十三年間、玉村小という一つの学校で教育という仕事をした斎藤にとって、最初の三年間で、教育の本質を学んだ。その教育を守り継続、発展させるために斎藤の仕事があり、校内研究会談話会「土耀会」を作り、研究誌「草原」を発行してきた。その十三年の総結晶が三冊の著書『教室愛』、子どもの作品を中心にした『ゆずの花』そして初年度からの毎日の記録を中心にした『教室記』を出版して、次の学校へと転勤して行った。太平洋戦争真っ只中のことである。そのわずか二年後に、長い長い昭和戦争時代が終わるのを予測した人はいなかった。

そもそも二十代とは、どういう時代といえばよいのだろう。

二十歳（はたち）から始まる十年間。形の上では成人と認められる年からの十年間となる。確かに誰にとっても本格的な大人へのスタートである。一方、学業も終わって社会生活が始まる時期でもある。一生からすれば大人として社会人としての基礎が築かれる時期である。

身体的にも骨格もしっかりし、肉体的にも一生のうちで男女とも最も美しい対象となる時期である。瑞々しい美こそ、この時期のものである。男性なら「ダビデ像」、女性なら「ヴィーナス」にたとえられよう。ただ問題は、社会と自分とのそごというか、ずれというか、精神的にも感情の上でも思うようにならない状態の時期でもある。

社会人となっても与えられた仕事すら十分にこなせないジレンマに陥ることも、しばしばであり、心・体・頭脳・精神・感情との交錯と摩擦に悩む時期でもあり、より根源的な生への疑問も、社会への不信も抱く時期である。身体、心こそが「疾風怒濤」の時代なのである。

第三章　戦中期の教育実践

――一九四一年（昭和十六年）十二月八日～一九四五年（昭和二十年）八月十五日。その前後――

太平洋戦争は、一九四一年（昭和十六年）十二月八日の灯火管制に始まり、一九四五年（昭和二十年）八月十五日の灯火管制の解除で終わった。

三年八ヶ月と七日であった。

あの日、十二月八日の昼間の興奮から夜になると、一斉に街が暗くなった。家庭の団らんの場も暗く、電灯の笠にかぶせた黒いおおいをうらめしそうに見つめて、夜は早々に寝るよりほかなかった。

そのおおいが取れて、ぱあっと明るくなった家の中、誰もがその電灯を見つめ、外に出て、どの家からも明かりが見えるのを確かめた。

「ああ、明るいなあ、温かいなあ」と。そしてその明るさこそ、戦後のあの明るさであった。

斎藤喜博もまた同じように、この夜の電灯の灯った家の明るさにほっとし、一つが終わり、次の何かの始まりを感じとっていた。

あの時代、斎藤喜博が師範学校を卒業して十九歳で地方の小さな町の小学校の教師となった一九三〇年（昭和五年）の次の年、満州事変が起こり、それから一九四五年（昭和二十年）まで、日本は戦争の時代であった。中国との十五年にわたる日中戦争、そして最後の四年足らずの米国との太平洋戦争。

この長きにわたる昭和の戦争時代に斎藤喜博は二十代という青年期、そして青春時代を送った。国家にとって青年は戦力である。自らも、同僚もまた、教え子も戦力の対象であった。いや、兄弟もまたそうであった。そういう時代の中で、どのように生きるべきなのであろうか。

戦場が中国にある間は、国内の生活は何事もなく平穏な生活があり、ときに祭りも行われ、休みには映画も観に行った。学校においても運動会もあり、修学旅行も実施。農繁期の休みもあり、そういう当たり前の変わらない生活が続いていた。

違うところといえば、戦地への慰問袋を作ったり、戦地の兵士に手紙を書いたり、千人針などを縫っていたことが戦時を表していたかもしれない。

しかし、この昭和の戦争は、それ以前にすでに、そうなるかもしれないという予兆というか、世界の情勢と日本の外交というものの中にあったといってよいかもしれない。

明治維新を迎え、いち早く、地租改正によって国家の税制を確立、学制令によって国民教育のための学校教育を開始、一村一校、「不学の戸なく」のもとに明治の末までには、六年制の義務教育を実現し、九十パーセント以上の就学率となった。さらに富国強兵を目的に徴兵令が実施され、二十歳以上の男子に兵役の義務が課せられた。西南戦争にも出征、のちの日清日露の両戦争に近代軍隊の威力を示すこととなった。産業も発展させた。まず官営として。

しかし、国家の形（姿）である憲法の制定と、それによって生まれる議会制度については、二十年余の歳月を要した。何故か。

一八八九年（明治二十二年）に、大日本帝国憲法という「欽定憲法」ができた。二院制の議会もでき、選挙によって選ばれた国会議員から成る議会、衆議院において国政に参加できるようになった。国民の代表が国家の方針を決めることができるようになったのである。

近代国家の体裁が整ったことになった。実は、この国家の基本のところに、のちの昭和戦争の背景があったのではないだろうか。

欧米先進国といわれた当時の国々は、世界に先がけ、民主主義政治を実現していた。

その基本となる憲法の考え方は「自由、平等」であり、それに基づく政治は国民が行うものとされている。英国は王室もあり、王も在位はしても、すでに「君臨すれども統治せず」であり、米仏は共に共和国であり、大統領制であった。

こうした欧米列強に対して、どうするかは大きな課題であり、明治政府は欧米に派遣をして視察、研究検討を加えていった。そういう中で日本が選んだのが、ちょうど同じ頃、国民国家として統一を果たしたドイツ帝国の憲法であった。その結果、主権は天皇に、国民は天皇の臣民となり、法律、特に今日でいう基本的人権は、認められても法律によって制限、又は禁止されることになった。

その上、天皇は神聖化され、天皇制国家日本という国家となったのである。

明治十年代に全国的に広がった自由民権運動は、十分に今日いう民主主義の要求であり、民主政治を求めたものであった。それらが押さえられ生まれたのが大日本帝国憲法である。

次の年には「教育勅語」が作られ全国の学校を通して、日本人のあるべき姿を広めていくことになった。忠君愛国という道徳が修身と呼ばれた時間に教えられ、教育勅語が暗記させられ、同時に歴代天皇の名も暗記した。

また、天皇の写真が教室にも揚げられもした。校門を入ると「教育勅語」を納める奉安殿があり、まずそこに最敬礼をしていた。天皇制国家の推進であり、学校も教師も熱心であり、生徒も一生懸命暗記した。そういう時代の教育の様子を斎藤喜博を通して見ることができる。

一九二三年（大正十二年）関東大震災が起きた。九月一日、正午少し前である。始業式の日であった。このとき、喜博少年は十三歳、小学校を卒業して高等小学校に入った年である。黒板に暗記した教育勅語を書いていたときであった。余震の揺れと共に窓から飛び出す学友を見つつ、自らは黒板の前に立ち尽くしていたという。

師範学校在学中、群馬、栃木、茨城三県の中学校、師範学校等の生徒が天皇の前で分列行進をしたときの斎藤喜博の感想文を読んでみてほしい。

〈めぐるめぐる、うごくうごく、砂埃りとともにかさなりあって進み行く人の群れ、広い広い練兵場はものすごい人のうずまきだ。

ああそれこそ私たちにとって永久に忘れることのできぬ、御親閲開始直前の光景である。いま分列への行進は開始され玉座前へのコースへ行くべき大迂回をしているのである。胸は高鳴る、心はおどる。おさえようとしてあせればあせるほどドキドキとふるえる心臓の鼓動は空の方へ飛び出して行って、でこぼこの練兵場を走る身体はほんとうに調子の変なものである。

長い長いかけあしである。前の方へ砂煙りをあげて走り進む大部隊。その間にチラチラとひるがえるなつかしいわれ等の紫の校旗こそ嬉しい存在である。遠く母校を離れて来、しかもこの万をもって数える大集団の中で燦と輝く母校を見てあまりの嬉しさに涙ぐみたい気持になってくる。そのうちにはや部隊は玉座近くまで進んでいる。「天皇旗をよく拝んでおこう」「鈴木大将の姿も覚えておこう」「高松宮様もおいでになるかもしれない」などと、出発前には色々と考えておいたのであるが、大隊長の号令で陛下に敬礼するとともにすっかりそんな考えはわすれてしまい、ただ白くうるわしい童顔とやさしい慈愛のこもった陛下の御眼が浮かぶのみである。その他は何も見えぬ、何の考えもうかばない。土上にひれ伏し思いさま泣いてみたいような衝動にかられながら、ひたすら感激して三千年の歴史がまのあたりに展開したように感じた。
実際あの刹那の気持こそ我等日本国民が一様に有する大精神であり、三千年をつらぬく根本精神である。

自分もほんとうに日本国民であるということをはっきりと感じ得た。然してこの瞬間にうけた感激こそ今まで受けた幾多の修身教育、歴史教育よりもはるかにまさるものであろう。あの劇的シーンに直面してどんな人間だって皆人間本来の良心に又健全なる日本国民に立ち返らないものはないであろう。堀原原夕陽をあびて感激にひたっている二万若人の輝かしい顔こそ如実にそれを物語っているのである。

共産主義、社会主義、こんなものがなんだ。吾等日本国民の奥深くあの刹那の感激が存在するかぎり我が大御代は万々歳なのである。

一世一代の光栄に浴し感激に堪えず、ただ涙をもって宝寿いく久しからんことを祈るのみである。ねがわくばこの感激、この光栄をささげ持して、全力をつくして将来国民指導の大任を全うしよう。

（『可能性に生きる』）

いかに天皇制教育がなされていたかがわかる。のちに、斎藤は「冷や汗の出るような文章」と言っている。

明治以来の日本外交。日清、日露という二つの戦争を通して日本の国際的地位は向上し、さらに大正時代になると欧米列強と並んで五大強国となった。目覚ましい発展をした。しかし日清戦争の結果、中国から台湾を、日露戦争では南樺太（現サハリン）を日本領に、満州へも進出していった。

一九一〇年（明治四十四年）、朝鮮を合併して植民地とした。さらに一九一四年（大正三年）第一次世界大戦が始まると、ドイツに宣戦布告をし、ドイツ領山東半島や太平洋のドイツ領島々を占領し、のちに一九一九年のベルサイユ講和会議において日本の統治が認められた。その結果、日本は千島列島、南樺太から朝鮮半島、台湾、赤道をはさんだ太平洋の島々を含む広大な地域を日本領とし、地図上でそれらの地域が赤で染めてあった。

それに合わせて多くの日本人が、それらの地域へ移り住むようになった。また往来も盛んになっていった。斎藤喜博の兄弟も、またそれらの植民地へ行った。兄はヤップ島や台湾へ、弟はテニアン島に共に教師として働いていた。二人とも再び、故郷の父母のもとに帰ることはできなかった。あの昭和の戦争は日本のどの家庭でもこうした犠牲者を生んだ。

昭和の戦争は、大正時代に入ってからの外交の中にその原因があったといえるかもしれない。大正デモクラシーといわれ、また都市を中心にした消費文化の華やかな時代の一方でその政策は進められていった。

そもそも外交の基本は友好和平であり、相互の国の安全保障であり、その上に立って何らかの相互利益があって行われるものである。

昭和の戦争は日本と中国の緊張と長期にわたる反日感情、並びに反日運動を引き起こした、我が国の強引な政策がもとである。

その中国は、一九一一年（明治四十四年）辛亥革命によって、満州族の清王朝が倒され、秦の始皇帝以来の皇帝を中心とした政治体制を廃して、アジアでいち早く共和制の国家となった。斎藤喜博の生まれた年である。翌年、中華民国という国家として名乗りをあげた。そのまま発展し続けたとしたら、今年はちょうど国家誕生百周年である。しかし、国内はまとまらず派閥抗争が続き、そこに日本も加わり長い抗争の時代に入ってしまった。結果的一九四五年を迎えた後も、中華民国を背負う中国国民党は、中国共産党と内戦を行い、一九四九年、毛沢東によって社会主義の中華人民共和国が成立すると、台湾に逃れて二つの中国となってしまった。台湾政府と呼ばれるけれど台湾国ではない。中共が国連に加盟が認められたときに、台湾の中華民国は国連において中国を代表する国家とみなさないとしてしまったのである。

一九一四年（大正三年）の第一次世界大戦はヨーロッパを焼土化した近代兵器の使用に戦争の恐ろしさを知らしめた。しかし、この戦争で日本は対欧貿易によって大きな利益を生み、国内もそれによって潤い大正の明るく華やかな時代が生まれたのも事実であった。

この繁栄の中でわが国は中国に対して対華二十一か条の要求を出し、強い反日運動と反日感情を生むことになった。しかし、それでも対中政策は変わらず、昭和に入ってからの満州事変、満州国建国、日華事変へと進み日中十五年戦争へと発展してしまったのである。

こうした日本の領土拡大の背景をなす考えは何であったのか。

そしてもう一つ短い大正の時代、華やいで明るい庶民生活を楽しんでいた時代の中に、昭和の思想対策の原因となることが起こっていた。

明治時代にも思想、言論、集会の自由は法律で制限され、活動は取り締まりの対象となっていた。

そうした中、一九〇五年（明治三十八年）、日露戦争の中、ロシアでロシア革命の前奏曲が鳴り出し「血の日曜日」が起こる。ロシア第一次革命である。ロシア人の亡命者が来日するようになる。一九一七年（大正六年）にはレーニンによるロシア革命が起き、ロシア帝国は倒れ、社会主義国家が生まれた。ソビエト連邦である。このことによって社会主義、共産主義思想が全世界に広まっていくことになった。政治活動も盛んになっていった。

一九二一年（大正十年）中国共産党が結成され、一九二二年（大正十一年）には日本共産党が結成されて実践されていくことになった。

こうした世界情勢と国内情勢に対して国は思想対策を強化し、一九二五年（大正十四年）の治安維持法が成立、厳しい内容を持ったもので取り締まりが強化されていくことになった。同時に成立施行された、普通選挙法に対応するものであった。

しかし昭和の初め頃は、さほどでもなく斎藤喜博の場合、師範時代の寮生活の中で自分の本箱に「資本論」を並べていたという。

満州事変以後に変わる。国際社会からの非難、国際連盟脱退と国際社会との緊張、国内の思想弾圧は次々と逮捕者を出し、長野県の教員赤化事件、小林多喜二の死。やがて大学の教員も逮捕や退職を余儀なくされていった。明治の末、石川啄木は「時代閉塞」と嘆いた。この昭和の時代を何といっただろうか。誰もが黙って黙々と、その日その日を送ることよりほかなかった。

太平洋戦争が始まった年、斎藤喜博は三十歳となり、次の年にかけて校内研究誌「草原」の五号から十号の六冊を一挙に編集発行した。そして一九四二年（昭和十七年）の十二月、就職して四年目二十二歳のときから続いてきた「土耀会」という校内研究会である談話会を解散することになる事件が起きる。

明治の頃から職員室に掲げられていた天皇の写真と、皇大神宮の大麻を校長室に移して、そこで毎朝、二拝二拍の礼をするという教頭の提案に反対してくれといわれて、その通りにしたら、言った当人が寝返ってとんでもない事態に斎藤を追い込む。（　頁参照）このことから談話会の解散と「草原」を十号を以て終刊にすることを決める。「草原」十号の終刊を編集発行して、斎藤は初任から十三年勤め、自分を教育者として育ててくれた玉村小を後にする。

日本人の場合、今日、国家を意識して生活をする人はほとんどない。戦前においても私は日本人だと常に考えることはなかったろう。戦後においてはなおのことだ。今、自分が日本国民という意識を持たざるを得ないのは、外国に行ったときだ。国境を越え他国の領土に入った瞬間から国籍が問われる。否応なしに「私は何人？」「日本人とは」と自問をせざるを得ない。しかし、国内では誰もそんなことをいわない。

しかし、戦前において国家はときどき、目の前に現れた。男子は徴兵検査によって、満二十歳になると呼び出しを受け、軍人として相応しい条件を備えているか検査された。そしてときに戦争があれば、一枚の赤紙と呼ばれたハガキによって招集され、戦場に赴き軍務に服し、戦争に参加した。斎藤喜博もまた教師二年目にこの検査を受け「丙種合格」となり、兵役免除の扱いとなった。当時、この検査の結果は二十歳の男子とその家族と地域と友人の間で重大な関心が持たれ、「甲種合格」ともなれば家族全員で祝うほどであった。斎藤の「丙種」は、どのように受けとめられたか。

国家はまた思わぬ形で目の前に姿を見せることがあった。丸山眞男は旧制一高三年のとき十九歳。治安維持法違反で逮捕された。講演会に長谷川如是閑の名があった。如是閑は父親の知人であり、おじさんが話すのかという、ただその思いで会場に入った。しかし、集会の名が唯物論研究会の講演会ということで、取り締まりの対象となってしまったのである。弁解も説明も許されず留置されてしまった。その年（昭和八年）から終戦の年まで丸山は監視の対象となっていた。十九歳、少年をやっと抜け出したかどうかの丸山に与えた影響を今、私たちは想像することができるだろうか。恐らく誰もそのときの彼の心を想像できはしないだろう。

戦前においては、こうしたことがよくあり、次第にみな黙っていたことは事実である。十九歳の丸山眞男のこの体験は、丸山自身に国家という実体がつきつけられたことになる。さらに彼は三十歳になって、東京帝国大学の助教授にもかかわらず二度にわたって召集を受ける。その中でさらに厳しい国家の実体をつきつけられる。

国家とは何か。

斎藤喜博もまた「国家の前に国民がある」と答えて自由主義者だ、国賊だと呼ばれている。

昭和不況と世界恐慌。そして目前の農村不況で俸給は減額され、欠食児童が何万と生まれた当時。毎日職場へ、学校へ行き教える仕事があった。戦争遂行中の国。戦時体制と天皇を絶対視する教育と、学校はそれらの強化の場となっていた。

こうした中で斎藤は結婚をし、家庭的に一応の安定した生活を築いたといってよいだろう。

十九歳で教師になってからすぐ満州事変が始まり非常事態生が敷かれ、日中戦争、そして一九四一年（昭和十六年）の太平洋戦争の開始はいよいよもって戦時体制へと戦争は身近に緊急を要する状況になっていた。

そのような中、斎藤喜博は、小学校、高等小学校八年間を過ごした母校芝根小学校に移った。

窒息しそうな空気の中で、斎藤は母校での仕事をした。「自由主義者だ」「国賊だ」「斎藤とつき合うな」といわれる中で。また、それは太平洋戦争さなか「一億総玉砕」が叫ばれていた時代である。そのことを忘れてこの時代に生きた人たちの仕事を論ずることはできない。

「石をもて追われるごとく」母校に戻った斎藤は、すでに「草原」終刊の辞の中でこう述べている。

〈終刊の辞
どうか諸氏は、今後ますます自愛し、深く実践につきすすみ、国家非常の今日、いよいよこの道によりて国家に貢献し、またこの道より深く高いものを体得していただきたい。
〈中略〉
些事に左顧右眄し、云々しているよりは、わきめもふらず実践すべきである。高い実践の道を力強くふみのぼるべきべきである。

今こそ、われわれは「常に大なる理想に生きる」「労して報を求めず」「十字架上なお救世の祈りを忘れず」

の境地をまっしぐらに歩み、国家のため倒れて後やむべきである。

私自身も今後ひたすら沈黙を守り実践の道に沈潜精進したい。〈昭和十八年一月〉

この「沈黙を守り実践の道に沈潜精進したい」とは今日からすると十分理解できる。斎藤たちが作った「土耀会」という校内研究会には常に二十名前後、ときには近隣の学校からも参加し三十名に達するときもあった。地方の一小学校の中で、厳しい国家社会情勢の中で、また学校教育が軍国主義教育へ移行する中で、自主的な研究活動が真摯に続けられていたことを今日、どう評価すべきか。時代に左右されることなく、あくまで教育本来の本質を追究する姿勢は、普遍的な教育研究の在り方ではないだろうか。

教育、特に初等教育の目的は、幼い子どもその一人ひとりのために行われるべきで、一人ひとりに能力をつけ、その能力を引き出しその後の学習の基礎をつけ、将来の社会生活を可能にする能力をつけることである。そのことを踏まえてこの校内研究会は一つの学校の教師の在り方、学校の在り方、そして研修の在り方を示すものとして今日なお手本にすることができるであろう。

斎藤は戦争中の厳しい体制の中で斎藤らしい実践を展開していく。

一九四二年（昭和十七年）には早くも東京が空襲に見舞われ「一億総玉砕だ」などと叫ばれ防空演習なども行われるようになっていった。子どもたちには体力増強の訓練が行われ、乾布摩擦など毎日行われていた。また出征兵士が多く働き手のなくなった農村、あるいは工場は、中学生、女学生、高等小学校の生徒たちが動員されて労働現場に行くようになった。さらに学徒動員にまで至り、全国の高等学校、大学の学生も出征する時代となった。

戦況は次第に不利となっていき太平洋の日本領とされた島々が次々に陥落されて、それらのアメリカ軍の占領となった島が飛行基地となり、そこからの日本への空襲が可能となり、一九四四年（昭和十九年）に入ると、空襲が本格化し、子どもたちは空襲のたびに下校させられていた。もはや勉強どころではなく、命が危ない事態になっていった。

太平洋に面した各都市はほとんど空襲の対象となっていった。食料不足も日々悪化、ついに小学校も食料増産に協力させられていった。また、荒地を耕してさつまいもを植えたり、戦地の軍馬のための干し草作りと、大変な生活が子どもたちの前に現れた。子どもたちも「お国のために」と一生懸命にそれに従った。誰も不満をいうものはいなかった。馬糞まで拾って乾燥し学校へ持参したのである。

神社参拝、戦勝祈願は当然であり、武運長久を祈り、必勝を当然のごとくに思っていた。

こうした中、斎藤喜博はどのような仕事をしていたのか。授業はほとんどしなかったという。代わりに勤労奉仕、桑の皮むきをし供出、アカソ、ヤブマオの採集と供出。かしの実拾いと供出。田んぼの麦ふみなどなど。さらに校庭を畑にしたり、道端に大豆を蒔いたりしていた。そうしたことでも斎藤は斎藤らしい努力をし、大豆を蒔くときも畑を深く掘って大量の収穫をしたり、あの頃どこでもそうであったが南瓜を栽培して主食の代わりとしていた。大豆については単に収穫したのみでなくそれを豆腐、味噌、醤油に加工し、それらを子どもたちに給食として提供している。

この子どもたちへの給食提供は継続的に行われ、戦後まで続いた。国の方では大都市の子どもたちに学校給食を実施している。ちなみに敗戦直後の一九四五年（昭和二十年）九月二十六日、一年生全員に南瓜とジャガイモ、一九四六年（昭和二十一年）二月一日、五年生、高等科一、二年生にイナゴと豆と豆腐汁、二月十三日、一年生にイナゴ、三年生に煮豆、四年生に豆腐汁といった風に。

戦後、空襲で校舎を失った小学校でも焼跡で飯盒炊飯でご飯を炊き、進駐軍の放出缶詰を食べていた。卒業生のためのたった一回のことではあったが、この缶詰のうまかった記憶がその後のアメリカの豊かな生活への憧れとなっていった。

そうした努力をして子どもたちを守りながら斎藤は転勤した年、まず校内に教師のために「矢川文庫」を作る。矢川という川が学校の近くを流れているので、その名をつけたといっている。前橋の書店から本を買って自転車で自分で運んでいる。そのとき買った主な本。

古事記、万葉集註釈書、辞書、上毛及上毛人、渋沢栄一の書、瀬川清子『海女記』、高浜虚子『五百五十句』、津田青楓『瀬六十三記』、桑田忠親『千利休』、小野賢一郎

『陶鑑』、前田勇『自戯叢考』、岡義城『江戸東京紙漉史考』、竹内好『魯迅』(昭和十八年)

さらに、校内に「矢川談話会」を作り毎週一回、希望者を中心に研究会を開いていった。また、次の年には万葉集の輪読会を始めている。これも毎週一回、自由な集まりで、当番制で当番に当たった人が歌を印刷して、矢川文庫の鴻巣盛広氏の『万葉集全釈全六巻』を用いて講義をしている。若い先生六、七名が集って勉強した。この輪読会は戦後まで続き巻五まで終わらせている。

こうした勉強会を通して、学校の中で中心的な存在となり、戦争の激しくなる中にあっても、独自の実践を展開していた。例えば当時の学校は朝礼の折りには奉安殿から教育勅語が校長の前まで教頭によって運ばれ、校長は朝礼台の上で白手袋をし、正装した姿で恭々しく受け取り、子どもたちの前で読み上げるのが普通であった。終わると全体行進が行われ、一糸乱れぬ行進をするのが当時の学校の姿であった。

そうした全校朝礼を止めて、一年生、二年生、三年生を一つに、四年、五年、六年生を一つにまとめ、高等科も一つにまとめて別々のところで学習発表をしたり、先生たちが交代で話をしたりしていた。

事実を提供する。仕事の結果は事実であり、その事実から考え、次の事実を追求していく。そういう教育についての考えがあったからであろう。

斎藤喜博の仕事は多方面にわたる。

十八年ぶりに転勤した芝根小学校で村の子どもの遊びや村の年中行事、習俗等を調べている。何冊ものノートを作ったという。百数十種ばかりの遊び方を調べた結果、子どもたちは昔と変わらず、自然の中で昔と同じ遊びをしていることを知る。外の世界と関係なく子どもたちの世界を守っていることに感動し安心もしている。

また、学校で起こったけんかの状態を調べたり、子どもたちの疑問を二つの地域（町と村）で調べたりしている。

一九四四年（昭和十九年）に入ると空襲は本格化する。南方の島々が次々に陥落、日本への飛行可能な島に飛行基地を建設し、本土空襲となった。

子どもたちも登下校が集団で防空頭巾、薬袋を肩から下げ、ランドセルを背負って通った。またこの年から集団疎開が決まり都市から地方へと、学校ごと親元を離れて生活をするようになり、戦争が子どもに直接影響を与えるようになった。

アメリカ軍機の空襲で驚かされたのは、偵察機として晴天の空に飛来したB29の機体を見たとき、それこそほとんどの人が一万メートル上空に見たものは、その美しく輝く銀色の機体であった。誰もが見とれていた。高射砲隊の兵士も美しいとみとれている。斎藤喜博もまた「銀色の美しい」と見ていた。

一九四四年（昭和十九年）、南マリアナ基地から真っ直ぐ東京空襲が可能となって、次の年になると全国主要都市への空襲が始まる。三月の東京大空襲、名古屋、大阪、神戸。四月に沖縄上陸と。それでも戦争は続き誰も終わることは考えず、竹槍訓練を始めていた。

空襲は大都市のみならず地方都市も産業都市、飛行場のあるところ、至るところ襲われるようになった。五月にドイツは降伏、同盟国のもうひとつイタリアも降伏。日本は六月の沖縄の悲劇、さらに八月のヒロシマ、ナガサキに至ってもなお戦争の終結を予期する人はなく八月十五日を迎えた。突然のことであった。

斎藤喜博の住む群馬県は中島飛行場のあったところである。天皇も戦争終結を決意し、相手方へ通知もしていたにもかかわらず、八月十五日未明まで大量の焼夷爆弾が降り注ぎ、斎藤の家の前の河原にも落とされた。斎藤は妻子を防空壕に入れ入口に仁王立ちで立っていたという。爆弾の独特の匂いを嗅ぐ朝を迎えたのである。このときの伊勢崎、高崎、熊谷の三都市の空襲が最後の空襲であり、戦争の終わりでもあった。伊勢崎市の四十パーセントが消失。Ｂ29、二五〇機が襲ったのである。

斎藤にとっての八月十五日は、アメリカ軍最後の空襲に見舞われた日となった。当時の日本の都市二百六のうち九四の都市が空襲に合い、死者数二六万人、負傷者四二万人、焼失家屋二二一万戸、羅災者九二〇万人。

一九四五年（昭和二十年）八月十五日正午。ラジオの前に座って放送を聴いた。全国、そして海外の植民地で、日本領のすべての地域でラジオ放送が流れた。

八月の空にふさわしく空はどこまでも青く澄みきっていた。十二月八日の真珠湾攻撃に喚声をあげ一億総まっしぐらに突き進んだ昭和の戦争は、大きな犠牲と世界史に初めての核使用と記録されることで終わった。

夕方、電灯のともった家に帰り「ああ、ほんとうに平和が来たんだなあ」としみじみ思い、「平和とはこんなによいものか」と涙の出るような気持ちだったと。

終戦は夏休み中のことであった。九月になり二学期になるとアメリカ占領政策が始まり、その指示に基づいた施策が行われるようになった。民主化政策である。旧体制の払拭。教科書から戦時教材削除通達による墨塗りをさせたり、木刀や銃剣術の道具、軍国主義関係の教具教材や国家主義と思われる本なども焼き捨てるようなこともしていた。その中に万葉集、古事記、日本書紀も入っていた。

一方、斎藤喜博は九月六日に万葉集の輪読会、次の七日に矢川談話会で当時、斎藤喜博の家の近くに疎開していた上野省策氏を迎えて文化問題について、十月には斎藤自身が「教育の新理想」という題で話をしている。この内容は翌年出版された『童子抄』の中に入っているが、七つの項目「非科学性の排除」「高き精神文化へのあこがれ」「体位の向上」「道徳」「授業形態」「地方文化」「卒業証書および成績通知表賞罰等の廃止」から成り立っている。十月には土屋文明氏を招き講話会を近隣の学校にも呼びかける。同じ月、斎藤自らが校内の先生対象に古事記の話を、何回にもわけて続ける。十一月には上野省策氏や平井芳夫氏などの講話会を、近隣学校にも呼びかけ「図画指導について」、平井氏には「絵本のみ方について」という題での話である。また、直接子どもに絵の指導をしてもらっている。クラブを作って、その指導も何度もしてもらっている。

一九四五年（昭和二十年）終戦の年である。全国的に混乱と食料不足、生活が大変なときであった。ただこれまでと違うことは占領政策が次々に展開し、国家そのものが大きく変わり、戦前とは全く異なる新しい社会、民主主義社会が到来しつつあった。そういう中で斎藤喜博は揺るぎなく自らの教育の実践を同僚と共に実施していた。

一人ひとりの教師は、教室で子どもたちを教える。授業を通して。その力を養うために校内に研究組織談話会と、その研究を助けるための矢川文庫。そして自分たちの教育がどうであるかを確かめるために公開し、自分たちをさらに高めようとするこの一連の学校体制を斎藤は確立した。部外者による講演会も教師の力を高め、一人ひとりの持つ能力、文化力を高めようとしたものであり、他校に呼びかけることは自分たちの教育の検証と共に広めようとしたためである。

こうした斎藤の教育はやがて展開する島小教育の基盤が、この時期までにできあがったことを意味する。

一つの生き方しか正しいとされなかった時代に青春時代があり、社会と初めて向き合った若者が時代の波に翻弄され、ときに痛撃される。それを乗り越えなければならない。そのためには、自分を打ちのめした、痛撃したもの以上のものを具現しなければならない。それが斎藤のいう事実というものであろう。

この事実の追求こそ仕事だということ。斎藤は教育という仕事の舞台でそれを示し続けた。

第四章　指導の実際

――三年目／一年間の指導を通して――

斎藤喜博は、最初の著書『教室愛』の中で、指導について次のように述べている。二十代前半に当たる頃である。

○指導は要するに力である。

○結局、教育は教師その人によって決定する。

○指導の効果は、つねに必ず教師の力や努力の発現である。

○周到な準備研究と綿密な心の用意のできた教師が、そして心から児童を愛し指導せんとする教師が、真剣に誠実に親切に指導に猛進して、なお児童が生き生きとした能率的な効果的な学習をなし得ぬはずがない。

もしありとすれば、それは必ず如上のいずれかに欠くところがあるものである。

○綿密な計画と工夫のある指導を一定期間に目的のところへ、子どもを学級を必ず持っていくという確信ある指導の技術は、当然努力して会得しなければならない。

○一年間受け持ったらどんな学級でも、必ず一年間のうちに予定どおりに、よくしてしまうのだという、責任感と自信ある方法とは持たなければならない。

教育において指導は根幹をなす。重要であり学校教育の中心である授業がどのように行われるかは、児童、生徒の学力の問題と関わり重大である。また、学校は授業の他にも学校生活に関わる指導が数々ある。学級生活の指導、朝会の指導、清掃の指導、給食時の指導、校庭の使い方、放課後の活動の指導、上級生としての指導、低学年のトイレの指導、かぜ流行時の指導、遠足、修学旅行時の指導、学習発表会、運動会と数えきれないほどの指導がある。

学校というところは大変な仕事をするところである。

時代や社会の変化の中にあっても、学校教育の役割は重要であることに変わりない。複雑化する社会にどう対応して生きていくか。その能力の基礎基本を身につけさせるのが初等教育の役割である。教育は国の力の源でもある。一人ひとりがしっかりとした教育によって一人の人間として育てられなければならない。そうでないと国の力も弱まり、それ以上に一人の人間としてのこの複雑化した社会を生き抜くことはできない。

そういう意味で学校における教師の指導は重大であり、また責任の重い仕事であるが、ある意味やり甲斐のある仕事でもある。

昭和の戦争期に青年教師として地方の小学校教師となって三年目、斎藤喜博は初めていろいろな能力を持った子どもたちを担任することになった。初任のとき、二年生の優秀児の組を担任し、二年間好きなようにスムーズに指導を行っていたのが、ここで初等教育のむずかしさを知らされることになる。そして、斎藤は本格的に指導に取り組むことになる。

斎藤喜博二十一歳、四年生女組七十六名の担任としての一年間の取り組みである。斎藤喜博のその一年間の指導を通して、教師の指導はどうあるべきなのかを考えてみたい。

当時、斎藤の勤務校は低学年は男女一緒の編成であり、かつ能力別編成をしていた。四年生から男女別組の編成となり、三つあった組が男女二つに編成替えとなったため、一クラスの人数が七十六名となった。現行の状況から見てその人数の子どもたちをどう指導するか、大変であったと予想できよう。

敗戦後の一時期、学校が空襲で焼かれ仮校舎ができるまでの間、近隣の焼け残った学校でこうした大人数の教室で教育が行われたことがあった。平時における教育の場で七十六名というのは大変な人数である。しかしこの状態は変わることなく、斎藤喜博はこの組をこれから五年間持ち上がり、学級担任として指導することになる。
一九三二年（昭和七年）四月一日から一九三三年（昭和八年）三月三十一日の一年間の七十六名の指導をどのようにしたのであろうか。斎藤の残した「教室日録」をもとにその一年間を再現してみたい。

四月

八日。始業式。大掃除。受持ち児童七十六名。
大掃除を行い、きれいになった教室で七十六名の子どもたちの指導が始まる。
十三日。近くの岩鼻というところへ遠足。学期初めに親睦を深めるための遠足が行われていたということがわかる。
十九日。テスト実施。教科書を使った算数の事実問題とある。その結果、
A級――完全にできた児童――二十九人
B級――不完全ながら答えの出た児童――八人

C級――位取りができない児童――十二人

D級――ぜんぜんできない児童――二十五人

二十一日。毎日児童の動きを観察する。そこに子どもたちの雑多な動きを見る。優秀児、中位の子ども、そして劣る子どもの様子を見ている。去年までの二年間は低学年男女複合組とはいえ好きなように指導ができていたのに対して、今年は子どもたちの能力差の様子に驚きどう指導していったらよいか悩む。しかし、ここで斎藤は七十六名のすべてを救ってやろう、そのために最も適切な方法を生み出すことが、今の私の何よりの問題であることを自覚し、今年の指導の仕方と方針を書き、その次の日から実行に移す。

二十二日。三年生時の算数の基本教材テストを実施。問題は、教科書の中の乗法、除法、加法。減法の基本的なものを行う。国語は一年から三年までの漢字全部のテストをし、どの子がどの字を読め、どの子はどの字が読めないかを一覧できるような表を作り、七十六名の個人別に学習をさせて、個人別の指導をしていく。

算数の方も一位の加法、減法、二位数の加法、二位数の乗法という順に練習問題を作ってそれを練習1、練習2……練習9というように教材別に画用紙に印刷しそれを二枚貼り合わせて、表に練習1、裏は練習2というように作って教室に用意し、それをもとに子どもたちは自由に練習できるようにした。子どもたちは自由に練習し、ときには授業の中でも練習させたりした。子どもたちは質問にきたり、友だちに聞いたりして自信がつくと教師のところへ来て検定を受ける。それに合格すると合格と書いた紙を渡す。それを今度は「算数練習進度表」に貼って、次へ進むというように指導した。

二十八日。机を並びかえる。形は次のような凹形で、子どもの工夫により一時間をかけて並べ変える。六つの組に分け前方には遅れ気味の子の席としている。去年もこの形にしたようである。現在一般的となっている黒板と対面する形式をとっていないのが特徴である。

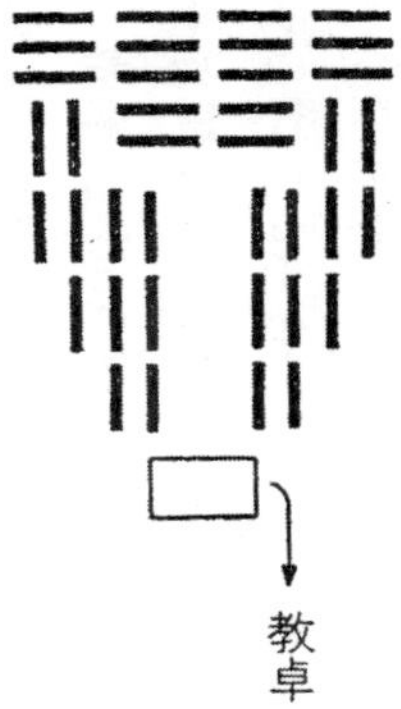

机の配置図

二十九日。天長節（天皇誕生日）算数作問用紙を作成。

三十日。学級郵便を作る。教室内において子どもたちがお互いに手紙を出し合うための郵便箱や葉書を作らせる。葉書は画用紙で作り、十枚で一銭として売り上げを学級費に使い、その管理も子どもたちが行い、会計簿もつけ、会計状態の発表もする。係の子は月ごとに交替するというものである。

学校における四月とはどういう月であろうか。いや学校のみならず日本の四月は一年のスタートであって、四月は誰にとっても重要な月である。

希望ということばのぴったりする月である。新年度、新学期、新入生、すべて新という文字で表される月である。期待に胸ふくらませて登校する子どもたち。新しい学年、新しい級友、新しい先生、新しい教室、下駄箱。そして渡される新しい教科書。

その仕事の始まりの四月、斎藤喜博はすでに見たように、初めての大人数のしかも能力差のある子どもたちをまずその動作の観察から始め、能力の様子を前学年の学習内容のうち算数と国語で確かめた。子どもの様子を教室の中、外での遊びでの様子から観察把握し、テストを通して学力を見る。それらによってこれから一年間の子どもたちの指導方針を立てる。四月中にそれが次々と形になり、最後、学習形態としての机の配列が決まって整った。学級を六つの組に分けている。この組を中心として分団学習を行い、一人ひとりの学習からやがて全体で行う学習（相互学習）へと発展させていくのである。六つの学習分団、机の配置を四月中に整え一年の始まりである四月のスタートをきった。用意周到な準備と計画である。

また斎藤は、子どもたちの指導のための「教室日録」というものを作っている。ちょうどこの年から始めている。大学ノートを使ったもので次のような形式になっている。

「教室日録」記入項目説明

(1) 備忘

その日子どもたちに話す事がら

例

・きのうの掃除はよくできた

・足の洗い方が悪かった

月　日　曜　天気　温度

教室日録

備忘			反省会
予記	学級状況	欠席者	健康診断
指導記録	指導生活		随感随想

・げたの入れ方が悪かった

・保存帳を買う人は申し出なさい

・来週はお弁当を持って斎田へ行く

・土曜日の学級日直の日記文はよい

・△△、△△の掃除はよい

(2)　予記

・明日の学習予定表、計画表

・題目、範囲、学習指導の形式等

(3)　指導記録

・学習指導等の状況の記録

(4)　学級状況

・その学級の状態を具体的、直感的に把握し、指導と反省しつぎの指導を考える

例

・ボールをなくした、窓のしめ方がちがっていた。

・昼休の準備がおそい
・劣生、元気なし、など
(5)　欠席者
・欠席者氏名、理由。早退者氏名、理由
(6)　指導生活
・指導者としての生活記録
(7)　反省会
・毎日、放課前に行う学級反省会のとき、子どもたちから出た問題、意見、教師の意見など。
(8)　健康診断
・その日の子どもの健康状態
例、胃が悪い、かぜをひいている、足を痛めている、病後であるなど。特別な注意をその子の上に払うように努めた。
(9)　随感随想

・その日の教育生活に浮んだ随想など

以上のような内容を盛った記録を毎日つけて、一日一日の指導を行っていった。この「教室日録」には一人ひとりの子どもたちを詳細に見つめて、常にその子どもに必要な指導が何であるかを把握しようとしていたことがわかる。

机の並べ方ひとつとってみても恐らくこうした机の並べ方を見るのは初めてではないだろうか。この机の並べ方は一年のうちにもう一度改めている。形式にこだわらない。形式主義からは子どもたちにとって必要な教育は行われない。形にはめ、押しつけてしまうということだけでなく、人間の本質にかかわることゆえの形式反対であった。

また、この日録にある毎日の反省会について見ると、この反省会は毎日行われ、放課後、前に机を運んだ後に、教師のまわりに座って行っている。床に座って教師を中心に円陣を作って座っている。多くは司会者が前に立ち他の子どもたちは座席に座ったまま行っているのがほとんどであろう。斎藤喜博のような形式をとって反省会を行っているということはどういうことであろうか。学習のための机の並べ方、反省会の円陣といい斎藤が子どもを指導するというものがどういうものかわかってくるであろう。斎藤はまた、この他にも教卓を黒板の前に置かず脇にずらし、教壇も使っていない。

しかしそういうことを考えた上でなお考えても、教室があり黒板があり、子どもの机が黒板の方を向いて指導を受けるのが当たり前であると思っていたものにとっては、戦前にこのような自由な発想の教育がなされていたことに驚く。

四月は、家庭訪問の月でもある。次の年の例で見ると四月十二日に早くも出かけている。午後三時に学校を出て、帰宅は七時とある。六名の子どもたちの家をまわっている。その次の日には家庭訪問の効果がてきめんに現れて、一人の子が本気で課外学習をやっていくと教師に伝えている。次の訪問は二日後、第三校時と四校時を利用している。裁縫の授業の空いた時間を利用して十二時までに七軒をまわっている。

さらに四月二十七日は夜の七時までかかり、この年の家庭訪問終了は四月三十日である。午後、学校を出て夜までかかっていた。

このように四月は受け持った子どもと親と家庭の様子を把握し、学習指導方針と計画も決定し具体化、実行に移すのが四月でもある。

五月に入り本格的な活動となっていく。

五月

二日。月曜日。

この日から先日設けた学級郵便が開始される。投函、配達が行われる。手紙をもらった子どもがうれしそうにする。「先生、こんなこと書いてある」といって、みんなとんでくる。配達をしてもらったときのうれしそうな、そしてそれを先生のところへ持っていってさらにうれしそうな表情の子どもたち。何と微笑しい光景ではないか。

六日。

七十六名の子どもたちと校外へ。れんげ畑にれんげ草摘みや蝶々の飛ぶ様子や野原の美しさを楽しむ。

教室では子どもの作問を個人別に指導する。一人ひとりできない問題をできるようにするためである。斎藤の指導の特色の一つである。

この日はまた教室用の教師用机ができてもきた。一人ひとりの指導のためにも教師用の机が必要であったのだろう。斎藤は私用机といって自分で注文している。

遊戯の創作も行う。

十八日。今日も子どもたちとおしくらべをする。その子どもたちの様子から「受動的でおとなしすぎる子どもたち」と悲しそうに述べている。

初めて教師になった十九歳のとき、二年生の男女組の優秀児を受け持ったときも、斎藤は校庭で子どもたちと遊んでいる。すると何人もの子どもたちが斎藤の体に五人も十人もぶらさがっていたというから、初めから斎藤には子どもたちを惹きつけるものがあったのかもしれない。

教師にとって必要な教師の条件とは何か。もちろん基本的な能力は教えるべき教科教材についての知識であり、それを教える指導力である。しかし、初等教育における教師の条件はそれだけではないものがあろう。

新緑みなぎる五月は見て美しく吹く風も薫風と呼ばれるように、さわやかさと、生命感を感じさせるものである。その五月を色どり、そこで戯れ遊び、花摘みをしたのがレンゲ畑であった。都会以外の日本の農村風景の一つで、女の子はレンゲを摘み輪にして首飾りや腕輪にしたり、冠を作って遊び楽しんだ。

田植え前の田んぼは、田を耕し水を入れる前のほんの一時、赤紫色の花に包まれれる。その田んぼはやはり美しい日本の風景の一つであった。

斎藤喜博はそのレンゲ畑へ子どもたちを連れて行き遊び楽しむ。みなで戯れ花を摘み冠を作り、首飾りを作った記憶は忘れない。斎藤喜博はそういう指導をした。二十一歳である。

その教師としての能力を感性ということもいえるかもしれない。自然やまた芸術のような表現されたものの中に人の心を捉えて感動させ、歓びを与えてくれるものがある。そういうものの存在を知り、それを子どもたちに触れさせていく。そういう指導をこの年の五月にレンゲ畑で行っている。

しかし、まだ子どもたちの様子に満足はしていない。

それが三十一日になると変わってくる。子どもたちの様子がやや落ちついてくる。学習態度も旺盛になってきて、喜びを抱くようになる。

六月

一日。次のように述べている。

「教場落ちつき学習気分やや旺盛となる。教場がまた去年のような花園となってくれたことは病弱な私にとって無上の喜びである。」

思っていたような教室になってきたことがわかる。子どもたちも活発になってきた。教室の様子を斎藤は次のように述べている。

教場は花園
教場は私の花園である。
教師たる私はその園丁である。
見よ、この伸びんとする生の躍動を。
子どもたちはすくすくと伸びようとしている。
私は、この美しき花園のなかに生活する。
私は花園の子らの動きに驚異の眼をみはり、一人ひとりのよき生長をひたすらに希う。
害虫を除き、肥料を与え、
そしてつねに新鮮な空気と太陽のさなかに子どもたちをおく。

それが、園丁たる教師のつとめである。
子らよ伸びよ。
よき日光を吸い、よき肥料を十分にかみしめて。

二日。子どもたちに原紙の切り方を教える。騰写板の使い方も教えて印刷ができるようにする。印刷は力が足りなくてできなかったが、原紙切りは上手にできるようになる。練習問題を印刷したり文章を印刷して学習に役立てる。この騰写板は、何度か買い代えているが、この子どもたちと共に高等科二年まで使うことになる。斎藤喜博は一か月の給料のほとんどを出して教室に必要なものを整えていった。のちにそれは、独身で実家から通勤していたからできたと述べている。ほとんどを仕事と図書の購入に使っていた。生活費には使っていなかった。

また当時、昭和八年は東北地方は三陸大地震と津波に合い、次の年は大凶作となって大都市へ若い娘が身売りされることも起こり、教師の給料も遅配や減給という時代であり、農村の生活はさらに厳しい状況におかれていた。斎藤のところも同じように決して良いとはいえなかった。生糸などの暴落に見まわれていた。

明日（三日）からの農繁休業の前に学級自治会を開く。戦後もしばらくは農繁期（季）や農閑期（季）ということばがあり、田植えや稲刈りの一年で最も忙しい時期には学校も休業して子どもたちも家の手伝いをしていた。農繁休業である。六月十二日までとあるから十日間である。この他、この地方は全国有数の養蚕地帯でもあり、「お蚕休み」というのもあったようである。

十四日（農繁休業明け）。体操学習分団を決める。体操の学習を子どもたちの体力に合わせて行うためである。子どもの発育状況、健康度、身体異常などの調査をもとにして四分団に分ける。

一組（二十名）――身体強壮なもの。
二組（二十名）――中等のもの。
三組（二十名）――弱い子ども。
四組（十五名）――扁平胸、背柱後彎、側彎偏平足など。

七月

後々の斎藤喜博の仕事に対する厳しさからすると予想できないが、若かりしときの自身の遅刻や通院や欠勤などの経験から、しごとに行き詰まった教師がいた場合など、思いきって休むことをすすめ、それを実行した教師が元気に職場に戻ってきている。若い日の自らの経験と、それを認めた当時の校長と学校仲間のことが背景にあったのであろう。

また、この月に教え子の母親が亡くなっている。そのとき学級みんなでなぐさめの手紙を書いている。めったにないことであるが心遣いを組全員であらわしている。また当時は満州事変が起きた後であり、中国大陸へ出征していく人も増え、出征兵士を送る行事をしたり、ときには戦死する人もあって普通ではない事態にも子どもが遭遇し、それに学校も教師も対応していくようになっていった。後の太平洋戦争とそれに伴う本土空襲はさらに死を日常化していった。学校も教師もそして子どももその渦中に立たされていく。

八月

夏休みである。

この夏休み、斎藤喜博は四万温泉で休養する。体調が優れず何んとか回復を願ってのことである。行李いっぱいの本を持っての長逗留である。この年、不調の中、アララギに入会し短歌を作って投稿するようになる。短歌は斎藤のもう一つの実践となり、終生その作歌は続け、四千五百首に近い歌を残している。

九月

一日。始業式。

二学期のスタートの日でありながら胃の調子が悪く、苦しい一日を送る。子どもたちの顔も久し振りに見るのに「何んだか青くとがったように見える」と書いている。

しかし、夏休中の成績物の発表会を行う。

三日。夏休み中の創作品の展覧会。放課後は算数練習カード三年の部を作る。

五日。副読本を渡す。

十日。学習予定表を作る。これは毎週土曜日に次の週のものを作って教室内に掲示するもので、教材、学習形式、準備、注意などを記入して子どもたちの自学に便利なようにするためのものである。
十一日。国語読本予定表を作る。予習したものを子どもが記入するものである。
十二日。満州学習を行い、満州学習展が十七日に終了。満州国が建設された頃である。二学期は学習に力を入れ実力をつける時期である。そのため能力別指導を徹底的に始め、「疲れることおびただしい」と。
また二学期は大行事である運動会が行われる。そのための練習がこの頃から始まる。女子の遊戯の練習が始まる。指導を他の先生に頼む。
二十三日。三年基本教材算数練習表ができ上がる。
二十七日。算数テスト実施。その結果が大変によく、六年程度の問題ができた子どもが三十数名いたことに驚く。
この日「私の家の仕事」の発表。おもしろい内容で十月に引き継がれていく。

十月

四日。理科「家畜学習」を行い発表内容に満足している。
十日。運動会予行演習を行う。

十四日。大運動会実施。記録を見ると個人競争に「鯛釣り競争」というのがある。運動会は学校だけの行事ではなく、地域が一丸となって行われるもので学校舞台の地域全体の催事であった。子どもだけでなく父母、祖父母や、村人、町の人が楽しみにしている行事であった。他校にも招待状を出し、また招待もされるというものであった。子どもたちの体位、体力の様子を地域に披露する。種目の工夫はその時代を反映していた。その種目の中に「鯛釣り競争」という個人競争が入っていた。

運動会実施の直前に漢字練習カードを作っている。画用紙二枚を貼り合わせて、クレヨンで模様をつける。漢字の読みと書き取りの練習に便利なもので、「二年生読本から四年生読本巻八まで作る予定」としている。

斎藤は漢字学習について強い関心を持ち、この年が終わり次の年に「漢字の負債」という題で論文を教育雑誌に発表している。

（1）漢字カードの作り方

八ツ切画用紙を四つに切り、二枚ずつ貼り合わせる。四周にクレオン、水彩絵具で図案がほどこされる。

（２）遊び方（学び方）
○表を出し三回まわして書き取り。
○漢字一覧表を使って読み、カードを拾う。
（一年から六年までの新出文字全部）

発表学習「家畜学習」（理科）と「私の家の仕事」を引き続き行う。

二十日。算数の学習、Ａ組は小数研究、Ｂ組は計算練習。この日の天気は雨で、「しんみりと授業」ができたとある。斎藤喜博らしい記録を残している。「私の組の教育」の中に、教室の前にある松の葉に降る雨の音が聞こえるようなよい教室になるように話し、そういう教室を願っていたようであるが、この日の教室はまさにそういう理想の教室であったようだ。

二十一日。母校芝根小学校運動会を見学。その折り、昼食後の教室を自発的に清掃している児童の姿を見る。

二十二日。今週の訓練事項を話す。その中に昨日の自発的に清掃をしている児童と関連させたと思われる内容が入っている。

1. 自分のちからで文をしらべること。

2. 当番にのみ学級事務をまかせず、誰でも気づいたら、進んで学級のために努力すること。

二十三日。国語の練習カードを入れる箱ができてくる。横一間で一円。横巾一、八メートルというと結構大きい。斎藤喜博の指導を見ているといろいろなものを作っており、購入もしている。斎藤は指導案を提出するよう求められても応じなかった。斎藤の教室そのものが指導状況を一目瞭然に表現していたからである。ただ記入して提出するという形式にとうてい応じられなかったからである。

二十五日。漢字の調査を始める。書き取り、字数八十二。

二十七日。読字テストを行う。この調査には「方眼紙五十枚、画用紙千枚も必要」とある。

斎藤の仕事は用意周到であり、細いところまで行き届いている。指導しなければならないことは徹底して指導するという姿勢をとっている。指導を受けた子どもの一人が次のように述べている。

「先生の心はねばり強い。やろうとしたことはどんなにしてもやりとげる。……今考えるとあのときのあのようにねばり強くできたものだと思います。……先生の心はほんとうに強い。一つの考えからいろいろのことが研究しあって、その考えたことを私たちに話してくださるのだから先生のお話はいつも心にひびいてくる。」(『教室記』より)

二十九日。 漢字テスト巻四を実施。

十月の運動会の前後にも学習指導の手はゆるめず、漢字の読みや書き取りのテストを実施して学力の様子を確かめている。その方法とはどんなものか。ここに示すのは最初のもので一年ごとに内容は充実していっている。同じことのくり返しということはなく、一つひとつ検証しつつ改良しながらより良い指導法を考えていっている。もちろん一人ひとりを対象にしたものである。

算数の場合、算数の練習結果を現す「算数練習進度表」を作り、国語の方も「国語自由進度表」を作って教室内に貼っておく。子どもたちは一つの教材を、全体で学習する前に調べておくもので、漢字や文章の意味がわかると教師のところへ来て検定を受け合格をもらいに来る。合格すると進度表に○印をつけるというものである。

子どもたちは休み時間や放課後も学習して、合格をもらいに来ている。この進度表を使った方法は子どもたちに合っていたのか、またどんどん先へ進んでいくこともできたので、友だちに聞いたり、教師に聞いたり、辞書で調べたりと、自分の力で学んでいった。全体で学習する前に行う一人ひとりの学習の方法として注目してよいだろう。

またそれだけに留まらず、国語と算数は、一つの教材の学習後は一斉テストを行い、全員が百点をとれるようにしている。それにも工夫が見られる。教室に全教材と全児童の氏名を書いた表を作って貼り、テストの結果八十点をとった子どものところへ銅の紙を貼る。九十点をとったら銀紙を、百点をとったら金紙を貼るというものである。そのあとで金紙をとれなかった子どもにはもう一度テストを受けさせる。金紙をとれなかった子には問題を教えたり、練習させたりし何度も学習して再テストに臨ませて全員が金紙を貼ることにした。

十一月

今週の訓練事項を決める。

1．自分たちの教室をつねによごさぬようにするだけでなく、進んでよりよい私たちの教室とすること。
2．小黒板、掛図などの掛け方に注意すること、必要なくなったものはいつまでもかけておかないこと。
この月になって校内で研究会がもたれている。多分研究授業も行ったのであろう。全校反省会が三日間続いている。

十二月

二日。家庭学習、辞書使用について発表。
十日。「お勅語」の暗誦できるものが七十二名とある。七十六名のうち七十二名というとほとんどの子が暗誦してしまったことになる。大日本帝国憲法制定、教育勅語の制定と全国学校への徹底と、修身教科が教科最高位に位置づけられ、「天皇制」が徹底されていく一つの過程の時期である。長い間、学校教育の中で当たり前となった学習が「教育勅語」の暗記であった。斎藤喜博の教育は一人ひとりの子どもに力をつけることであってこの教科だけを特化したとはいえない。斎藤の指導の結果はすべての面にあらわれた。

一月（昭和八年）

三学期に入る。最後の学期であり仕上げを意味するのはどの学校、教師も同じである。短くその上寒い時期に一年の総仕上げをする。

九日。「本真剣な生活」という題で訓話をしている。三学期の始業日にふさわしいテーマである。その中味は「こういう子どもに育てたい」（『教室愛』）の中に出ている。

〈本真剣になれる子ども

私が子どもに向かっていちばん希望することは、本真剣な子ども、本真剣になれる子どもになってもらいたいということである。浮心で物事をしないで、全心全力を集中して仕事や勉強や遊びのできる子どもになってもらいたいということである。すなわち興味が向けばただちにそのことに没頭し、他のことといっさいを忘れてしまう子ども本来の特性をそのまま保護し、またよく育て、すぐれた精神集中力とか、意志力とか、実践力とかを持った子どもをつくりたいということである。

子ども本来の特性であり、しかも人間の生活に最も大切な本真剣を失ってしまい、物事に本真剣になれなくなり、物事をいつも二心でやるような子どもは、まことに不幸でありうれうべきである。われわれはこの子ども本来の特性たる本真剣をそこない失うようなことをしてはならない。子どもの本真剣をますます養い育てるためにできるだけの工夫努力をしなければならない。遺伝もしくは後天的な生理的な原因によるものは別として、その他のものにおいて、もしこの子ども本来の特性である本真剣ということにおいて、欠けているものがあるとすれば、それは家庭もしくは学校における指導の不足もしくは欠陥によるか、あるいはわれわれおとな自身の本真剣の不足に、大部分原因があると考えなければならない。

子どもが食事どきも忘れて砂遊びをしている。親はそれを「ごはんどきも知らないのか」といって叱る。子どもが一生けんめい勉強しているときに、おとなはおとなの都合で思いつきしだいに用事をいいつけ、子どもの集中力を乱し、子どもの本真剣をそこなってしまう。一つのことに注意を集中し、それを完成する意志的な計画的な精神をそこなってしまう。そして精神の散漫な、意志の薄弱な人間を、おとな自身の手でつくり出してしまうのである。こんなふうにして本真剣という積極的で活発なよい本性を失わされ、積極的でなくなり本真剣でなくされてしまった子どもたちは、じつにこの上もなく気の毒なことであり、また国家のためにも不幸この上ないことである。

「願えばかなう」ということばがあるが、これは、ただ願っていれば自然と物事が成就するということではない。願うということは、そのことにたえず本真剣になり、わきめもふらず努力精進するということである。そうしていれば自然と願いもかなうから「願えばかなう」ということになるのである。「なせばなるなさねばならぬなにごともならぬは人のなさぬなりけり」という言葉があるが、たしかに本真剣にひたむきにやっていけば、どんなことでも必ずいつかはなしとげられるものである。私たちは、私たちの生活全体を、また私たちの心を、いつも本真剣にひたむきにし「願えばかなう」「なせばなる」という生活境地を如実に体験できる人間にならなければならない。そして子どもたちにも、そういう生活の態度と経験と自信とを、力強く植えつけていかなければならない。

事情はどうあろうとも、おとなでも子どもでも、本真剣になれなくなり、打算的で意志薄弱になってしまったものは、ほんとうに不仕合せであり気の毒である。現代ほど本真剣な人間、ひたむきな人間を要求しているときはないのに、現代ほどそういう人間の少ないときもない。われらはなにをおいても、子どもの本真剣を保護し発達させることに深く工夫しなければならない。〉

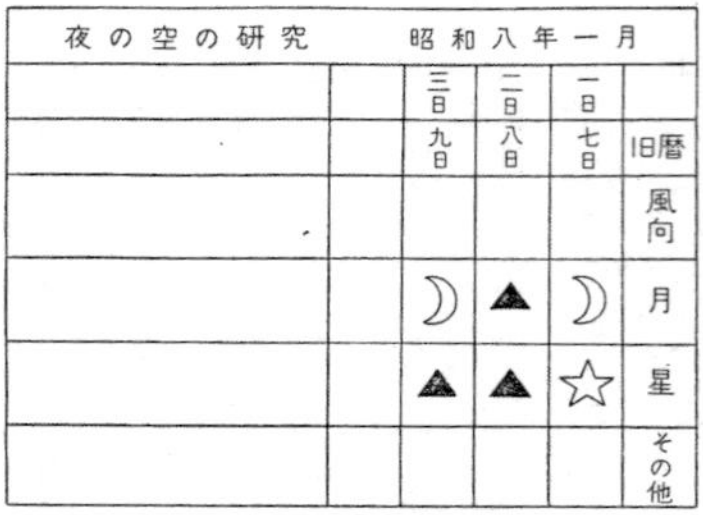

冬の夜空の研究

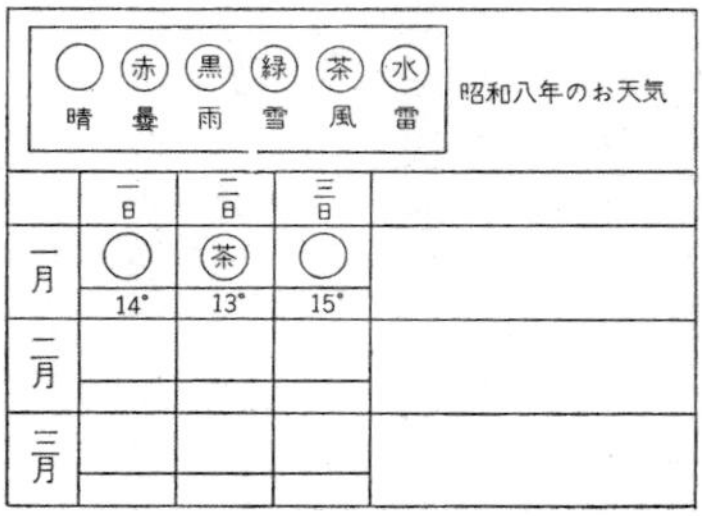

昭和八年のお天気

十日。放課後「夜の空の研究」「昭和八年のお天気」の用紙を作る。冬の気象の研究である。

冬になると夜空が美しく、星々が夜空にさえ渡るようになる。その時期に合った継続学習を始める。

この他に「気温表」を作って、朝の八時と正午に教室と廊下の気温を調べる。分団単位の当番制にして一週間交替で行う。日曜日も測定することにし、これは学校が近い五丁目、六丁目の子どもに頼む。

十五日。一日家に引きこもって四年算数系統表を作る。

十六日。復習の検定を行う。国語と算数の復習の要点を半紙に書いてきて教師の検閲を受ける。その結果によって自分の欠陥を知りさらに復習して着実に学習する。

十八日。温度表に記入する子どもの様子。

「十七日。雲、3.5度、十八日、晴風　2.5度」

この二つの記録を見てのこと。

「どうしてきょうは晴れたのに一度低いのだろうか。」

こうした作業を通して子どもたちは発見したり気づいたりする。そのことが大切なのである。

子どもたち、残り勉強を始める。「残され勉強」ではなく、子どもたちが進んで放課後に勉強をすることをいうようだ。次の年、校長が変わって職場の状況が変化していく中で、この「残り勉強」が問題とされる。

二十日。学級学芸会をひらき、多くの先生が参観。「子どもたちがうれしそうであった」とある。

二十一日。高崎市の中央校を参観、児童の相互学習の準備が完全にできていることを強く印象づけられたようである。(合科教育実践校の一つ)

二十二日。(日曜)日曜日であったが学校へ行く。八時過ぎに教室を見ると朝の温度がつけてある。もうすでに当番の子どもが記入していったもようだ。

算数の進度表を作る。厳密な検閲のためである。教科書のページごとに行うもの。

二十四日。大風でほこりひどく教室でマスクをかける。ただし、独自学習、検閲、休み時間のとき。群馬は「上州のからっ風」といわれる土地柄で、この時期は特に強い風がしばらく吹く。

二十六日。子どもたちの残り勉強がますます盛んとなっていく。かぜをひかないよう注意をする。暗くなるまで勉強する子もいる。進度表に進んだ様子が示されるのでおもしろいのだろうと見ている。

二十八日。五時過ぎまで学習検閲を行い疲れる。

机の並べ方を変える。

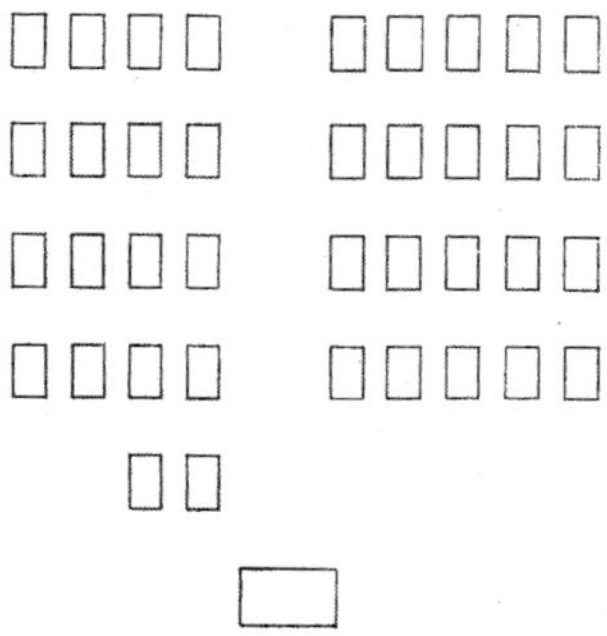

独自学習、分団学習には都合悪いが前後の壁面を利用して相互学習に便利という理由。

二十九日。（日曜）貯金箱に貼る紙をプリントする。

午後教室を整理、前と後へ横棒をつける。

貯金箱。

竹づつかボール箱につぎのように印刷した紙を貼らせておき、後日教室で全児童の前でいっせいに開く。印刷した紙には教師の認印も押しておき勝手にあけられないようにしておく。この貯金箱は子どもの発案のようである。

・このなかへ入れましょう。一銭二銭を。
・少しの時間でも勉強し、よく仕事をしましょう。
・お金は倹約して人のため自分のために用意しておきましょう。
・この貯金は学校で皆さんと開くまで出さないことに決めましょう。
・たまったお金で、お家の人のお世話にならずによい本を買いましょう。
三十一日。児童の検閲に一日を送る。「児童の学習心を旺盛にすることは何より大切である。」

二月

一日。かぜ気味ながら、一生懸命子どもを見ているうちになおってしまう。一人の子が三年の算数十一番までできる。検閲にパスしてうれしそうな顔をうれしそうに見ている斎藤の様子が浮かんでくる。
七日。他の先生の教室を借りて遅れている子の指導をする。こうした子への配慮である。「教室を別にした方がやりやすい。」と書いている。
八日。副読本十六「山路」の相互学習をする。発表しない人を指名するようにといっていたので、優秀児はささず中位以下の子を指名したので学習が停滞してしまう。しかし五十人以上発言することになった。七十六名中五十人である。停滞も仕方ないであろう。それよりふだん発表しなかった子が、この学習で発表した経験の方が大事ではないだろうか。もちろんそれを考えての指示であったろう。

十一日。紀元節。少年団閲団式および建国行進。こうした行事が数多く作られ学校に持ち込まれたのが昭和の戦争の時代である。どちらが大事なのかわからなくなり、ついに国は後々一九四五年三月にとうとう初等科を除き、すべての学校の一年間の休校を決定し、教育の中止を国自身が決めるに至る。本土決戦に設えて。

斎藤の仕事はどんどん進む。算数練習進度表も進み、中には三学期の先まで進んだ児童が多く出る。除法はむずかしいのか三年の除法が進まずにいる子もいる。

十三日。きのうの日曜日は学校に来なかったせいで仕事がおくれ気味で忙しい思いをしている。

十四日。残り勉強を家庭で喜ぶか、嫌がるかを調査する。

A、喜ぶもの――四十五名

B、父母は喜ぶが兄弟が嫌がるもの――八名（子守りや火もしを兄たちがやらせられるから）

C、嫌がるもの――二十二名（1．家が忙しいから、2．残されたと笑われるから）

十六日。国語自由進度表を作る。これは教師が検閲するもので独自学習以前に一人ひとりが行う学習のことである。（予備学習）

二月は雪が降る。関東地方の特色である。この年、一九三三年（昭和八年）大雪が十七日に降る。次の日、さっそく校庭で雪すべりをし、校外で雪合戦をする。これはどこの学校にも見られることで、校庭が真っ白になって、誰の足跡もないところで、どのクラスが一番早く出てきて雪合戦をするか。雪の日は、どのクラスの子も一番乗りをしたいのである。

雪すべりのあと「雪の結晶」「雪の反射」「温度の昇降および蒸発」「斜面のある雪」などを学習させている。雪国とは違いめったにないチャンスを生かした指導をした。次の年のことであるが、七月にやはり理科の指導をした折り、「つくづくと教材研究の足りなさを思う。私のちからではとても全教科やれない。」と弱音を吐いている。

理科の得意な教師でも国語の指導が苦手な教師もいる。長く教師を続ける中で解決できればよいが、そうでなければ致命的となる。しかし、多くの小学校教師はそれを乗り越えて教師を続けている。今では教科制が取り入れられてそうした悩みも解消されつつはある。

しかし、初等教育の中でも低学年においてはなぜ一人の教師が全てを担当するか。それは大事なことである。まだ能力的に末分化状態にある子どもたちを、教科別に指導するのは無理である。子どもの能力に合わせた内容を全人的に指導するのが適切であろう。全人的な指導こそ初等教育に求められるといってよいだろう。

入学してきた小さな子どもたちは、学校という新しい環境の中で学校に適応し、社会性を身につけながら知的、体位的にも自己を発見しながら成長させていく。その手助けをするのが教師であり、そのために担任となった教師は、一年を通して子どもたちに寄り添いながら、その成長を見守り促していく。従って多くの小学校の教師は一日中教室にいる。子どもたちの側を離れることはない。特に低学年においてはそうである。教師は学習中のみならず、休み時間の様子も観察している。一人ひとりの子どもの様子を。

その様子から指導の方向を見い出していく。また子どもの関係も見る。学級全体の指導へと発展させていく。

斎藤喜博は、今担任している子どもたちの前、初任のときも二年目も、朝から晩まで、日曜も祭日もなく学校に出て来ている。家に帰っては作文や日記を見て深夜になり、次の朝遅刻しそうな毎日を送っていた。教師になった年に怪我をし、それから健康を害し、良好な健康状態でない中でもこの年「気負いこんで学級の仕事をした」と書いている。そういう斎藤のもとには日曜日にも学校へ来て手伝ったり、検定を受けたりする子どもたちがいた。

三月

最後の月である。学芸会の練習が始まる。

一人の子が子守りになる。さびしくなると記す。当時の農村の様子が伝わってくる。

六日。学事会。他校において郷土調査発表展覧会がひらかれる。郷土教育も盛んな時期である。

十二日（日曜）。この日曜日は途中まで行って、戻ってしまう。かぜをひいたのである。

十三日。無理して出勤する。希望要項を提出する。

十七日。学芸会。

1．劇「三羽の蝶」

2．斉唱「砂山、加藤清正」

十八日。父兄会（参観者十名）

二十五日。満州の兵隊さんへ慰問袋を二つ作る。また、一年が終ろうとした二十九日に何十回も盗みをしていた子どもがつかまってほっとしている。長い間、学校の問題になっていたこと、何より「誰？」ということで、自分たちの教える子どもたちを疑わなければならなかったことに罪悪を感じていたこと。それがやっと晴れて、学校にとっても自分にとってもこの上なく仕合せであったと書いている。

そして、四年生女子、七十余名の一年が終わった。

三十日。終卒業式、「子どもたちが美しい」と記している。

この年の最後の指導は、

「今年の皆は学校の屋根より立派になった」であった。

教師歴三年目、二十一歳のときである。

一年間の作成教材

1. 算数作問用紙
2. 学級郵便箱、はがき、会計簿
3. 教室用私用机
4. 謄写板、原紙切り
5. 算数練習カード（三年の部）
6. 学習予定表（毎週）
7. 国語読本予習表
8. 三年基本教材算数練習表
9. 漢字練習カード

10. 国語練習カード入れる箱
11. 「夜の空の研究」「昭和八年のお天気」の用紙
12. 気温表
13. 四年算数系統表
14. 算数復習進度表
15. 貯金箱、貯金箱にはる紙
16. 教室の前と後に横棒
17. 国語自由進度表
18. 小黒板

斎藤喜博の二十代の担任（玉村小十三年間）

十九歳（一九三十年）二年生優秀児組
二十歳（一九三一年）三年生優秀児持上
二十一歳（一九三二年）四年生女組

二十二歳（一九三三年）五年生女組持上
二十三歳（一九三四年）六年生女組持上
二十四歳（一九三五年）高等科一年持上
二十五歳（一九三六年）高等科二年持上
二十六歳（一九三七年）六年生女組担任
二十七歳（一九三八年）五年生男女組担任
二十八歳（一九三九年）三年生男女組担任
二十九歳（一九四十年）四年生男女組担任
三十歳（一九四一年）五年生持上
三十一歳（一九四二年）六年生持上

第五章　授業の実際

——お蚕の授業——

私たち人類は、二足歩行によって世界を認識し、手の自由を得て道具を作り、文明社会への道すじを拓いた。

縄文土器を見てみよう。形、紋様とも今なお人々を引き付ける。どうしてこうしたものができたのか。どうやって作り得たのか。

その最初は少なくとも日本列島ができてからと考えると、紀元前一万年は昔のこととなる。氷河期が終わり地球の温暖化が始まった頃に当たる。その頃からこの列島化されたところに住んだ縄文人は、縄文土器を作ってきたとしたら、またそれが少しずつ姿形、紋様を変えながら万年単位の時代が作られ続けてきたことになる。

日本列島北から南へと、広く発掘されている縄文土器の時代は、石器時代とも原始時代ともいう。今と違うところは文字のないこと、金属器を使用していないというところか。もちろん国家もない。

家もあり火もあり煮炊きもしていた。粗末ながら衣も羽織っていた。一番大事なものは道具である。狩猟のための矢じりも作ったし、それを槍にして使用していた。集団生活の様子もわかっている。

その中でどのようにして縄文土器を作ったのか。単なる器ではない。誰もが驚くのはあの紋様だし形である。どれ一つとして同じ紋様もなく形もない。一つひとつみな違う。今風にいえば個性的なのだ。単純な作り方ではある。しかし、それを見てみな驚き感動する。原始人の作ったものを現代人が驚く。その美しさ。力強さに。

考えられることは作り手は作り方を教わる。教えるのは集団の長であり、また長くそれを作ってきた者が教える。土の見つけ方、どこにあるか。土のこね方、形の作り方、模様のつけ方、焼き方を教え、教わる。また、作っているところを見て学ぶ。見よう見まねで会得していく。集団にとって必要なものを作る。作ったものに優劣や競争はない。競い合って作ったものでもなかった。人々の心の自由さ、束縛のなさが教わりながら自分の作りとなっていく。そこが今日の人々に訴えてくるのではないだろうか。

この時代の人々の暮らしに競争も優劣もなく、脅威となるのは自然がもたらす嵐であり雨であり、降雪であったろう。狩猟のできないこと、木の実が採れないことなど自然からの脅威が即生活を奪うものであった。それ以外、人と人との間ではみなそれぞれの役割を持ちながら集団の一員として長を中心にまとまっていたのである。

この時代から人は人を通して未知のことを教わり、また伝えながら一日一日を暮らしそれが一年を周期とした生活の中でくり返し同じことが行われていく。一年を単位とした生活でそこに必要な生活のし方が作られていった。

やがて金属器が使用され、文字が発明され農業が行われるようになって一挙に歴史は変化し、国家が成立し、貧富の差が生じ争いが生じ歴史時代となる。今からわずか紀元前三千年頃からの歴史である。それ以来急速な進歩となる。

日本に限ってみるとエジプト文明と同じ状態になるのは、紀元前後のことで卑弥呼以降といってよいだろう。大きな国を作るのは最大規模の古墳が作られてくるころからである。四―五世紀頃に当たる。古墳を作る技術は高度な技術である。多くの人が携わったであろう。このことは技術が教えられたことであり、今日まで残る技術であったということになる。

もう少し下って聖徳太子の時代になると太子の願いによって世界最古の木造建築である法隆寺が建てられ今日なお残っている。

こうした技術の背景に技術が教えられていた経過があったわけで、技術を伝える人がいてそれを教わる人がいたということになる。まだ指導とか教育とかいっていないが、人の歴史は一年を単位として、その環境の中で必要なものを作り生活してきたといえよう。時代が進むと共に必要なものは増え工夫され改善され、ときには新しい発明や発見をし、それを学び、教わり、広まり、伝えられて現在に至った。物だけでなく考え方や感情の表出まで人は様々なものを作り出してきた。

今、学校を通して幼いうちからこのことが行われる。教育。それも国家が責任を持ってその方針に添って行う。国民教育として。子どもの生活の一日の大半が学校となっている。そこでの生活の中で一生の基本が作られていく。

学校の教育はどうなされるべきか。

斎藤喜博という一人の青年教師を通して、教育はどのように行われるべきか。特に斎藤の二十代前半の教室における教育がどのようなものであったか。また授業というものがどういうものであったかを見てみよう。

授業ということばは明治期から戦前まではあまり使われていない。教師側からは特にそうで教授とか教授法といっている。

学制令が一八七二年（明治五年）に出され各地に小学校が建てられた頃には、ペリー来航以来の欧米への関心の高まりと、新政府の欧化政策もあって、欧米物が中心の教科書が使われていた。例えば『小学読本』（一八七三年）には次のような内容の文章が載っていた。

「およそ世界に住居する人に五種あり。亜細亜人種、欧羅巴人種、亜米利加人種、阿弗利加人種なり。日本人は亜細亜人種の中なり」とあり、ワシントン、フランクリン、リンカーンなどアメリカ国家の成立発展に尽くした人たちが登場していた。しかし次第に外国人教師の採用が減りやがて国定教科書へと方向を転換していく。

その頃の教授とはつまり授業とはどんなものか。すぐ前の江戸時代を例にとれば農民、商人、職人など一般庶民教育が盛んに行われており、寺子屋などといわれているが、ここでは個人教授であり一人ひとりの能力に合わせた方法であった。

近代学校においては最初は、次のような教授法が行われていた。

教室の正面に掛図を掛けて、そこに描かれている文字と絵を指し示し、教師が生徒と問答するというものである。

例、「柿」という文字を教えるときは次のようにした。
教師。柿という物は如何なる物なりや。
生徒。柿の木に熟す実なり。
教師。何の用たる物なりや。
生徒。果物の一物にして食物となる物なり。
教師。如何にして食するや。
生徒。多くは生にて食し、稀には乾して食するものもあり。
教師。其味は如何なるや。
生徒。甚だ甘し。
教師。初より然るや。
生徒。否、青きときは渋し。
教師。此色は何という色なりや。
生徒。此れは赤き色なりや。
教師。最初より此色なるや。

生徒。否、初は青き色にして、熟するに従い赤き色となるなり。

（花井信著『近代日本の教育実践』二〇〇一年、川島書店）

この方法は「問答法」と呼ばれ、アメリカ人教師によって伝えられ全国に広まっていった。

教える人によって鞭を使っていたので、リズムをとりながら復唱させたりしたことから、一方的ではあったが効果的な方法と見られていたようである。太鼓を打ち鳴らしながら一斉に唱える姿を想像するとおかしくもあるが、何ごとも最初というのはこうしたこともあろう。

この教授法は別に「小学口授法」とも呼ばれその効果については認めていた。

一条、それ口授は努めて事理を暗記し口弁渋滞なからん事を要す。

五条、談話中は容儀端正にして直立又は椅子に凭り決して教場内を徘徊することあるべからず。

六条、生徒解せざるもの多くして再び説明するも決して言語を改むべからず。

この一斉に復唱させる方法も今も十分に活用できる方法である。ただこうした一方的な方法は注入的であり、暗記のみが強制されることになるということで批判を受けることになる。その代わりとして採用されるようになったのが、スイスの教育学者ペスタロッチの開発教育というもので、一八八〇年代（明治十年代）頃、導入され大きな反響と共に広まっていった。

「心性開発」ということばと共にその「開発教授法」は全国に広まる。「改正教授術」（一八八三年）に次のように述べられている。

一、活発ハ児童ノ天性ナリ
　動作ニ慣レシメヨ、手ヲ習練セシメヨ
二、自然ノ順序に従イテ諸心ヲ開発スベシ
　最初心作り、後之ニ給セヨ

三、五官ヨリ始メヨ
児童ノ発見シ得ル所ノモノハ決シテ之ヲ説明スベカラズ
四、諸教科ハ其基ヲ教フベシ
一時一事
五、一歩一歩ニ進メ
全ク貫通スベシ
授業ノ目的ハ教師ノ教ヘ能フ所ノ者ニ非ズ生徒ノ学ビ能フ所ノ者ナリ
六、直接ナルト間接ナルトヲ問ハス各深必ズ要点ナカルベカラズ
七、観念ヲ先ニシテ表出ヲ後ニスベシ
八、已知ヨリ未知ニ進メ
一物ヨリ一般ニ及べ、有形ヨリ無形ニ進メ、易ヨリ難ニ及べ、近ヨリ遠ニ及べ
九、まず総合シ後分解スベシ
この考えに基づいた授業の例を見ると次のようになる。

単語の指導例

教師。黒板に単語図を掛け桃の図を指し、これは何の図なりや

生徒。桃の図なり（生徒一人に答えさせ、さらに全員に問い、後に教師が判断する。）

教師。平仮名にて桃と書ける者は手をあげよ。

生徒。手をあげる。

教師。一人の生徒に黒板に書かせる。

生徒。これに従う。（書いたものを見てみんなでよしよし、教師もよしよし、各々が唱え、みんなで唱える）

（生徒が黒板に書いた後、これを消し教師はさらに大きな字で書き、読ませる。生徒が書けなかったときは、教師が自ら板上に書くこと）

教師。葉を指してこれは何か。

生徒。桃の葉です（みんなで唱える、教師よし）

教師。桃の葉の色を知るか。

生徒。青色です。（みんなよし、教師もよし）

このように桃・栗・柿等の数語を教授した後に復唱を行う。

教師。掛図をはずし黒板の文字を消して黒板に「栗」という文字を書き生徒に読ませる。

生徒。これに従って読む（みんなよし、教師もよし、それぞれ唱え、みんなで唱える）

教師。栗の花、色、開花結果の候など教授した事項を問答する。

生徒。それぞれの問に答える。（みんなよし、教師もよし、各々唱える。）

（総て問答のときは一緒に言語を練習すること）

教師。黒板に書いてある文字を指して一人の生徒に読ませる。

生徒。これに従う。その後各自唱え、その後みんなで一斉に唱える。

一八七七年（明治十年）の西南戦争後、自由民権運動が起こり、その活動が盛んとなり、政府は一八八一年（明治十四）、十年後に国会を開設することを発表し活動の収束をはかったが、一方は政党を作り、他方は急進的活動へと分裂していった。こうした社会情勢の背景のもとに教育においても変革を求める声が起こり、それが憲法制定と共に「教育勅語」が作られ天皇制国家へと方向転換をはかることになった。

ペスタロッチの開発教育に代わって、日本志向が強まる一八九〇（明治二十）年代に入るとドイツから来日していたドイツ人教師によって、ドイツで行われていた実際に役立つ教育として導入されたのがヘルバルトの教育学である。ヘルバルト教育における教授法は五段階教授法と呼ばれている。一九〇〇年代に入ると、「明けても暮れてもヘルバルト」と呼ばれるような状況になった。

五段階とは。どんな教授法か。

第一段階、予備。第二段階、提示。第三段階、比較。第四段階、統合。第五段階、応用というもので実際の展開を一つの例で見てみよう。この教授法は修身科で有効とされたようである。

「二宮金次郎の立身」（尋常科二年）

第一段、予備

教師。二宮金次郎はどんな人でしたか。その幼少の時は。

生徒。貧しい中にも苦労して独りで勉強しました。

教師。どのようにして家を興そうと思いましたか。

生徒。荒地を開き米を収穫し、家を興そうとしました。

教師。そうですね、金次郎はこのように学を勉め、家業も勉めて怠ることをしませんでした。このような人は後にどのような人になると思いますか。

生徒。出世してえらい人になると思います。

教師。今日は金次郎がいろいろ勉強したり、人のためになったりしたから遂に出世してえらい人になったということからお話ししましょう。

第二段、提示

教師。金次郎は家に帰ってから昼夜を分けず一心に働きましたから、間もなく身代になりました。その時、小田原侯の家老が借財に苦しみ、どうすることもできないほどの借財に苦しんでおりました。金次郎は五年の間にすべての借財を返してなお三百余両の大金を残しました。

生徒。復演

教師。話す

生徒。復演

生徒。復演

教師。今日話したことをはじめから話してごらん

生徒。復演

教師。本を読みなさい（教科書を出す）

生徒。読む（知らないところは教える）

教師。何ということが書いてありますか。

生徒。話す

第三段、比較　第四段、統合

教師。皆さんは金次郎先生とこの前お話した藩山先生とはよく似た話ではありませんか。この二人の幼時のあり様を較べてごらん。

生徒。二人共貧しい中で苦労して勉強しました。

教師。このお二人は大人になってからどのようなことをしましたか。

生徒。ともに殿様に用いられていろいろ人のためになることをしました。

教師。この他にも勉強してえらい人になった人を知っていますか。

生徒。中江藤樹先生
教師。誰でもそうです。艱難辛苦にたえ勉強さえすれば出世し幸福の人となり、また人のためをはかっていけば自然自分も出世して人に尊ばれるようになります。

第五段　応用

教師。みなさん学校へ来て本を読むのがいやになったとか、また言いつけられた仕事がいやになったとかいうようなことはありませんか。もしそういうようなことがあったらどうしますか。

生徒。そんなことはいけないと思いますので勉強します。

教師。みなさん、今日お話した二宮金次郎先生や藩山先生のように勉強してえらい人になり、又慈悲を旨として人のためになるよう心がけてください。

（『日本教育史』長田新監修）

このような一定の形式を与えられると誰にとっても便利であり、一つ身につけてしまえば簡単でもあったのだろう。全国に広まっていった。

しかし、あまりに形式主義・機械的すぎたため、やがて明治の末になると批判されるようになり、子どもを活動させること、子どもの個性尊重が求められるようになっていく。

斎藤喜博は戦後の民主教育の中にあって、「島小教育」を実践し世に問い大きな反響を呼んだ。今日なお各地の学校でその実践が継承され続けている。研究も盛んである。現場にいるときからまた退職後も全国の学校に指導のために訪れたりしていたけれど、もう一つ「教授学」という研究会を作りその活動も続けていた。

「教授学」ということばは戦後においては耳なれないことばであった。実際には指導法である。しかし斎藤があえて「教授学」としたのは斎藤にとっては指導法は教授法であり、それを理論的に位置づけるとすれば、「教授学」となるということであったのであろう。斎藤にとって「教授」ということばは特別のものではなく、明治の学校教育が始まって以来、日本の教育界では戦前まで使われてきた当たりまえのことばといってい いだろう。

最初の一斉教授法（問答法）からペスタロッチの開発的教授法、ヘルバルトの五段階教授法というように、明治の学校教育の指導は、欧米教育法の影響下の指導法が行われていたといえよう。

こうした教授法が大きく変わるのが大正時代（一九一二〜一九二四年）である。大正デモクラシー時代と重なる。日清・日露の戦後、それまでの国家・天皇・軍隊・戦争という時代から新しいものを求める人たち。それは自然の成りゆきであった。また第一次世界大戦（一九一四〜一九一八年）後の世界平和希求という国際世論を背景に教育においても自由が求められ、民主主義が求められ戦争のない、また子ども自身が尊重されなければならないという要求が生まれた。国家の基本は帝国憲法であり教育勅語であり天皇中心であったことは変わらない中での、自由と平和と個人の尊重の要求ということであった。

教育に限っていえば、いくつもの教育上の主張が生まれ、具体的な実践校も次々と現れ、多くの教師が全国各地の実践校に集った。それら大正新教育の代表者が一同に集って講演会を開き二千名以上の人を集め反響を呼んだ。「八大教育主張」(一九二一年)と呼ばれるもので次の八名による新しい教育思想と方法が声高く主張された。

1、樋口長一の自学主義教育(東京高等師範附属小)
2、河野清丸の自動教育論(日本女子大学附属小――モンテッソーリ教育思想)
3、手塚岸衛の自由教育(千葉師範附属小)
4、千葉命吉の一切衝動皆満足論(広島師範附属小)
5、稲毛詛風の創造本位の教育論(早稲田大学教授)
6、及川平治の動的教育論(明石師範附属小)
7、小原国芳の全人教育論(玉川学園創設)
8、片山伸の文芸教育(早稲田大学教授)

こうした大正デモクラシー下の新教育は他にもいくつもの動きと実践があった。例えば斎藤喜博が後に実践する木下竹次の合科教育は、今日もなお初等教育の中の実践に反映されている。

これら新教育に共通しているのはこれまでの一斉指導による画一的・形式的・注入的・記憶中心の教師中心の教育から転換するものであった。子ども中心に、子どもを前面に立てる教育の実践であった。教育の一つの側面である受ける側の子どもに中心を置くもので、どのように学ばせて、どのような能力を身につけさせ、どのような人間を育成するかをめざした。教授法から学習法への指導法の転換である。

斎藤喜博はそういう時代に初等科教育を受けた。学校が新教育の実践校ではなかったとしても個々の教師は社会の中にわき立つ新教育、デモクラシーの動きを知らないはずはなく、いろいろな面でこの新思潮の息吹きを吸ったことと思う。そういう教師や社会の中で育っていた。

また、斎藤の住む群馬県も群馬女子師範附属小が、いち早く新教育の実践校となり県下の教師が参集した。また、明石附属小の及川平治を招いて講演会も催している。師範を中心にした新教育はこの時期創設された私立学校においても実践されていった。公立の学校での実践も見られたが斎藤の赴任した玉村小もその一つであった。斎藤の赴任する前から新教育の実践が行われていた。一九二六年（昭和二年）に赴任した宮川静一郎校長は自らも明石師範の研究会に参加し研究し、独自に先任の教師と共に低学年のための「未分科教育」を実施した。

近代国民国家の学校教育が国家のための教育となったことは先進国共通のものである。特にわが国においては戦前あやまちを犯した。現代はグローバルな世界。もはや一国家のみでやっていくことはできない。世界を認識する力も必要であり、それと合わせて新たな意味での国民意識が必要とされている。

斎藤喜博が初めて赴任した玉村小では優秀児の二年生の担任であった。未分科教育を実施。教科別の指導ではなく生活の中で低学年にふさわしい文字や漢字、算数、理科といった内容を学ぶ。斎藤がその子どもたちに行った指導は近くの利根川の河原に遊びに行き、国語の授業をしたり、劇をしたり、舞踊をしたり、「ひよどり越え」の遊びをしていた。教授という一方的な指導から、子どもの遊びや生活から教えるという非常に自由な教育を行っていた。従来の教育からは全く想像もできない自由教育といえないだろうか。わずか七・八歳の子どもが自分たちで脚本を見つけたり、舞踊の振り付けもして上演し学級学芸会を開いて、他の先生方に案内状を出して招待している。

斎藤喜博はこの未分科教育から授業実践を始めることになったのである。その授業の一つ「お蚕」と題する授業を見てみよう。三年生男女混合組担任のときの記録である。学級の子どもたちは五十名を越えていた。授業実施は六月、八時間をかけたものである。

斎藤の最初の勤務校玉村小は当時、奈良女子師範附属小学校の木下竹次の合科教育が実践されておりその方法による授業である。合科教育とは従来の児童の捉え方の反省にたち、

「児童は分析的、抽象的、概念的、反省的でなく全一的、具体的、無反省的であり衝動的である。故にこのような児童を教育するのには、材料を科学的に扱うのではなく、未分科的に取り扱うことの方がよい。児童の生活により密接に深い交渉を持つのであるから、それらの材料が真に児童の生活内容となり、児童の成長発展がとげられる。」

という考えから、学校の独自性を入れた未分科教育という名で低学年の指導が行われてきていた。提唱者の木下竹次は「教授草案は学習者である児童の側から教授活動を考え、子どもの動きを微細に予測しかつその効果を記録する」ことを求めている。また

「低学年児童の教育に特別の工夫が必要であり、児童が苦しまないで学習できるようにすべきで、生活に即したものでなければならない」という考えを持っていた。

斎藤喜博が赴任した当時、一年生で「買物調べ」「箱庭あそび」、二年生で「私たちの町」、三年生で「七夕」、という題で労作的、興味的、創造的に活発な学習が行われていた。

大正デモクラシー下の新教育が衰退の方向へ向かっていた時期でもあるが、玉村小での教室は親しみやすく、子どもたちはのびのびとしていた。参観の人にも何の気がねなく親しみ、質問し、話もしていた。校長先生にも質問したり、校長先生も授業の中に入って質問したり指導もしていた。会礼（朝礼）のときも子どもが台に上がってお話をし、調べたことを発表する。「ごはんのたき方」「火のもし方」「子守りの仕方」ということを発表する。また自分が書いた図画や書き方を持って来て書いた過程、心持ち、成功や失敗など発表していた。

こうした小学校の全校生が集ったときの様子を想像すると、「どこの国の話」とならないだろうか。今日、朝礼とか朝会とかいう子どもが全員集合する場合にこうした学校があるだろうか。また校長先生が子どもの中へ自然にとけこみ授業に臨み、子どもも自然に受け入れ共に学ぶ様子など想像がつかない。

校長宮川静一郎がどんなお話をしたか残っている。

〈私はこのあいだ、子どもをつれて五料の河原へ遊びに行きました。すると一羽の蝶が飛んでいました。蝶々は高くなったり低くなったり波のように草の上を飛んでいました。私は蝶々はずいぶん無駄な飛び方をするな、もっとまっすぐ飛んだら早く行けてよさなものだと思って見ていました。

するとそこへ一羽のつばめが矢のように下りて来ました。そして蝶々を食べようとしましたが、蝶々が波のように飛んでいましたので、つばめは蝶々にうまくはずされてしまいました。つばめは川の向こうへ飛び去りましたが、蝶々は、青草の上をひらひらと飛んでいました。私はそれを見て、ああ蝶々のあの飛び方も決して無駄ではないのだな。蝶々は身を守るために、わざわざああいうふうに飛んでいるのだな、とはじめてわかりました。〉

（『可能性に生きる』）

「お蚕」の授業はどのように決まったか。題目の設定は教師の方から一方的に決めないということ、子どもの生活や気持ちを考えて相談によって決めることがよいとしている。題目設定には次のような注意が払われている。

(1) 教師の一方的な押しつけをしない。
(2) 初期には家庭的なものを選び（例、お祭、七夕、お節句など）
(3) 郷土の事物事象を学習対象とする。次第に郷土の文化へ目を向け、生活環境の観察へ。
(4) 同じものを各学年で学習してもよい。
(5) 児童の生活から遠いものの学習もよし。
(6) 環境整備をして題材選定に気づかせるのもよし。題材決定後はさらなる環境整備は必要である。子どもの自発性のもとに行う。

「お蚕」の学習が決まったのは五月末。お蚕休みになる前である。その前から教室にはお蚕が飼育されていた。何人かの子が持って来ていて、子どもたちに観察されており興味をもたれていた。

斎藤喜博が生まれ、住み、仕事をした群馬県は日本有数の養蚕県であり、戦前は埼玉、長野と並ぶ大産地を形成し、蚕種、まゆ、生糸と輸出産業の一角を担っていた。現在でも日本一の養蚕県である。日本近代産業の先がけとなった官営富岡製糸場の建物は今なお明治維新を思わせる威容を誇って存在する。その養蚕業を学ぶということは戦前においては重要なことであった。また子どもたちにとってはお蚕は身近なものであり、それぞれの家でも飼い重要な収入源でもあった。五月頃から忙しくなるために「お蚕休み」があったようだ。子どもたちもみな家の手伝いをしなければならなかった時代である。そうした中で決まった題である。

題目が決まるとそれぞれ家や近所で観察することになった。

実際の授業過程を見る。

一、独自学習（お調べ）

(1)　児童が各々また数人で行う学習。十分に時間をとる。全心身を働かせて興味的、労作的、創作的、一生懸命に行う。

(2)　同じ題材のものが、自然に集まって行う自然的分団学習や教師の意図のもとに作られる分団学習といろいろの分団学習が行われる。

(3)　独自学習の中に教師の指導が反映される。教師の意図する方向へ児童の学習も引き上げていく。

第一回、独自学習、六月九日、金、雨、第三時

○お蚕の形態、まゆのおねだん調べ、算術の作問、どうしてお蚕を飼うのか、どうすれば早くまゆがかけるか、お蚕を飼っている状況の絵、綴り方など調べたり、書いたものを先生に見せる。

○「お蚕」という字はどういうのかと聞き合ったり、読本で調べる子もいる。教師のところへ聞きに来る子もいる。

○音引き辞書の引き方を教えると覚えて喜ぶ子。他の子どももその子のまわりに集まり辞書の引き方を練習している。

教師の指導
○観察の仕方、観察の楽しさを指導する。
○少し遅れ気味の子には発表物の整理の仕方、発表の方法を指導する。

第二回、独自学習、六月十二日、月、第三時
○ほとんどの子どもがよい問題を持参する。
○整理のできた子は小黒板に書く。
○ふだん乱暴な子が小黒板に書く。斎藤は「教師として一番うれしい」と言っている。この一時間だけで帳面二枚もの学習効果をあげた。「小黒板に書いたことを相互学習のとき、発表するように」と言う。本人も喜び「先生、黒板に書いて発表するん、書いていいいん」と念をおし廊下に出て一字一字何回も消しては書きをくり返しており、字のきれいなのをほめてあげまた誤字などを直してあげる。また渡り廊下いっぱい使って書いているので片側へ寄って人が通れるように指導し、本人も素直にそれにうなずいて従っている。いつもは廊下を通る女の子などをいじめている子のこうしたしおらしい姿に、指導しながら「教育の期待と責任と喜びとをいっそ

う思う」と書いている。そしてこうした乱暴な子や成績の悪い子をほうり出してしまうことの罪悪を痛切に思ったりしている。

この子の小黒板に書いた問題は次の二つである。

(1) かいこわなんでくわをくうかというとくわをくわないとまいになりません。

(2) をかいこわなんからうまれるのですか、てふてふからうまれるのです。

教師の指導

○この小黒板の文章はたいへん稚拙なもので字のまちがいもある。しかし学級全員が笑わないようしなければならない。せっかくの努力の芽をつまないように、むしろこの子の努力をみんなが賞するようにしたい。後で行う相互学習のときの指導上の注意点を自覚している。

○廊下でも幾人もの子どもが真剣に小黒板に書いている。教室の中でも同じように真剣に書いている子どもたちを見て、そういう姿を美しいと見ている。

第三回、独自学習、六月十六日、金

この日は朝から「お蚕」が話題になっている。

○始業前に一人の女子が「先生、蛹のめすおすを教えようか」といってまゆを切って蛹を出してその雌雄を識別して見せ、他の子六、七人といっしょに教わったりした。この子は種屋の子どもでまゆの切り方も雌雄の鑑別も知っていたのである。初めて鑑別法を知り他の先生たちにも教えたりして、斎藤はこのときとてもうれしく満足している。そしてその鑑別法を他の児童にも発表させることにする。

○男の子が蛹を手にとって、「あ、生きている、生きている」とおどろきの声をあげみんなに笑われる。死んでいると思った蛹がぴくぴくと動いたのでびっくりしたのである。

「蛹は生きているんだよ」と女の子が教える。蛹が生きているということは真面目に大きな驚きであり発見であったということで、斎藤は「こうした経験は尊い」と思っている。またこの動く蛹のことも学習材料として発展させていくとよい結果を生むだろうと予測する。

○学級で飼っている蚕を一人の子どもが前に引き裂いたとき、テングスだといって騒いでいた。それが魚つりの糸になるのだといっていたこともあり、このとき、蚕の糸は体の中にあるときは液体であるが、空気に触れると固くなるということを学習していた。

合科学習、特に低学年の未分科学習においては、このように子どもたちの生活の場でも外を歩いていても学校の休み時間も、子どもたちの関心は保たれ、次々と発見があり驚いたり喜んだり確認したりと、三年生ながら深い学習をしていることがわかる。

第四回、独自学習（最終会）、六月二十一日、水

○一人ひとりの学習が終わり、結果のまとめをする。発表物も出そろう。

○子どもたちの中には発表の練習をしている子もいる。

○掃除のあとも発表の練習を聞き手、発表者になったりして練習している。

二、相互学習（発表）の特色

(1) 相互学習は子ども一人ひとりが調べた独自学習の内容を発表し合う学習である。

(2) 各自の学習を正確にし補足する。その結果を子どもの上にあらわれることを期待

する。

(3) 個人の創作的学習をみんなの前で発表することは、学級全体に創作学習を提供することに意味をもたせ、社会性を身につけさせることが目的とされている。

(4) おとなしく内気な子どもに十分に配慮し、まずくてもほめてどの子も喜びと満足ができるように進んで学習できるようにする。

(5) 発表前には発表態度、聞く態度、言葉の訓練などを十分に行うようにしておく。

(6) 合科学習の学習法は入念に綿密に行うので学習の遅れた子が見られないと指摘し、一斉指導には見られない成果があることがわかる。

第一回、相互学習、六月二十七日、火、第二時

(一) お蚕を飼っているところの絵の発表

(この子の家ではお蚕を飼っていないので近所の家の様子を見て書いている)

質問

(1) お蚕がどのくらいのときの絵か。

(2) この絵では籠で飼っているが、その他にえん台の上、むしろの上、やぐら飼い等

の飼い方があると発表。

(3)　桑は摘んでくるのか。

○「切ってくる」と答える。

(二)　ずう拾いの絵を発表

(この子の発表の様子)

「こいつがおれ、こいつがちゃちゃちゃん、こいつがじい(蚕をまいている)、こいつがばあ、こいつがちゃちゃちゃんちのおばさん、こいつがかあちゃん」という風にふだんの話し方で話している。これも面白いことである。後に斎藤の教えた子が女学校に行きそこでの様子を話した中で「私たちは話しことばで発表するのに、他の人は皆朗読するように答えるのです」と話している。

相互学習における発表のこののびのびとした様子を見ると、どのような学級が作られ、毎日の授業が、また教師と子どもの関係、子ども同士の関係がどのようなものであるかが目に浮かんでくる。

この発表者は、その他の人もばあという家のずう拾いに行ったときの様子を絵に書き発表した。手伝っていた一人が怒って帰ってしまったことまでつけ加えていた。

この後、ずう拾いのことで勉強した人は忘れずにここで発表するように注意し、別の子が「私の家はわくの台の上へかごを置いて拾った」といい、他の子も「家もそう」となって、座って拾うより立って拾った方が早く拾えるということに意見がまとまる。

その他の学習内容

(1)　どういうのがずうか。なぜずうになるのか。

(2)　ずうになるとなぜすきとおるのか。

○糸ができる。身体の中のきたないものを出して糸だけ残しておく。桑を食べなくなるから。

(3)　どうしてまぶしへうつすのか。

○よくまゆを作れない。糸をかける場がない。

教師の指導

○正確な答えは、より糸をかける場がないという方がより的確なのでそう指導する。
思考の訓練としてまた表現法の訓練として、確かさを指導する。
(4) どういうのでずうをはこぶのか。
○かごやざるではくっついてしまう。
(5)まだずうにならないのはどうしておくか。
○晩方までおいたらずうになった。
(三) 二枚の絵の発表
(1) まゆを引いて行くところの絵の発表
○発表者はこの絵は大沢の岩ちゃんが帽子をかぶって六丁目の片倉へまゆを運んで行
くところと説明。
質問
○別の子がどういう心持ちで引いて行ったかと聞く。
○いい気持ちで引いて行ったと答える。他にもまゆが高く売れてうれしいから、今まで苦労したから、汗ながして働いたからなど話し合う。

質問

○誰といったか。

○ふみちゃんがあとおっぺしていくところかかなかった。

この最後の問答はお互いをよく知っていて質問しているので、こうした子どもの様子も指導の上では知っておかなければならないということか。

(2)　選別の絵の発表

○発表者は、「この絵はせこへ今みんながまゆを売りに行っているところ。このざるは井田、金田という人が持って来た。ざるに書いてあった。何とか何とかとこの人がいったら、この人がはがきみたいのに書いてはんこをおした。そして売った人にやった。この人はそろばんを持っていた」と説明する。

教師の指導

この発表者は劣生である。しかし絵はうまくはがきみたいというのは伝票のことで、まゆを売った人がそれを持って銀行に行くと現金に代えてもらえるのである。その年からそういう方法をとるようになり、そのことをこの発表を通して学んだ。経済の学習を子どもの生活の場を通して学んだことになる。

なお、この他に店はにぎやかだった。ざるがうんとあった。はかりで何匁何匁と見ていたといったことも話していた。

（四）　まゆ市場のところの絵の発表

○発表者はこの絵はたくさんの人がまゆを売りに来たところ、これは選別しているところ、選別に来た人はどこの人、これは机に向かって何か書いているなどと発表。

（どうやって選別するのか、なぜ選別するのかなどの質問が出て、良いまゆなら値が高いということを学習した）

教師の指導

○絵の中に市場のにぎやかな様子とか活気のある様子が描かれていなかった。

○絵がへたというより子どもの観察力、注意力の不足からくるもので注意したのであったがなおさない傾向の子。

○以上の観点に立って一つの仕事をしっかりと仕上げなければならないことを全員に指導する。

（五）　まゆを買う店の調べ表の発表

○玉村町に幾軒まゆを買う店があるかという表である。

○二人の発表者が町内の子どもに頼んで調べたものである。

まゆを買う家の表

四丁目	田口、野村
五丁目	群馬社、大岸
六丁目	こ人、片倉、昭栄社
七丁目	小暮、せこ

第二回、相互学習、六月二十七日、第三時（第二時に引き続き行う）

（一）　まゆの形の発表（小黒板）

○小黒板に蚕の形態が書かれており、それに頭、胴、尾、足、息をする穴等と説明する。

○ノートには

頭――桑を食べる口、糸を出す口、六つの目。

胴――ふしがある。両がわに息をすうあながある。

尾――尾の先きに足が二本ある。

（蚕は歩くとき、からだのふしをもくもくさせながら前へ進むなど書いてあり、これを口答で発表する。母親から聞いて書いたと言っていた。理科学習のもとになる内容としてそのまま発表させる。）

質問○口はどうなっているのか。

　○どうにして桑を食べさせるのか。

　○糸はどこから出すか。

教師の指導

○帳面を見ないで小黒板の要項によってくわしく話すようにすること。

○みんなで力を合わせて勉強すること。

○つけ加えたり発表者にありがたいと思うことなどを指導する。

（二）蚕のからだ調べの発表（まゆがまぶしでまゆを作っているところの絵）

絵にかいてある蚕の顔が人間のように書いてあり、みんな笑っているので子どもたちが「けんちゃん、顔があるよ」と笑われ、「そうかや」と発表者が答え、そういうなごやかな中で発表している。まだ子ども子どもしているというか、かわいらしさが残っていたのであろう。子ども同士のかけ合いがなんともいえないではないか。授業というものが、教育というものがどうあらねばならないかを教えられ、考えさせられる場面である。

（三）小黒板による発表（独自学習のとき、廊下に出て行って書いていた子ども）

発表(1) かいこわなんでくわをくうかというとくわをくわないとまいになりません。

(2) をかいこわなにからうまれるのですか。てふてふからうまれるのです。

この発表を通して「蚕は蝶々からではなくて蝶が卵を生んで卵から蚕が出る」ということ、すなわち卵、幼虫、蛹、蛾（成虫）、卵という蚕の一生の勉強をすることになった。

教師の指導

○この発表からこういうよい勉強ができたのであるから、皆して発表者にありがとうをいおう。

○この発表は幼稚であった。しかしそれが素材となって学級全体がよい勉強をすることができたのだから、発表者はありがたい存在である。まちがった発表をした場合も同じである。幼稚な発表やまちがった発表も笑うようなことは、健全に発展している学級には決して現れるものではない。

○この世にあるすべてのものは何らかの形において存在の意義を持っているという考えをもって、子どもたちの長所を認め、すべてのものを生かし伸ばしてやらなければならない。そうすれば学級の中に劣生なしという風景が現れる。

斎藤喜博は教師生活を通して教室にいる子どもたちの中に劣生のいないことを希い、そういう子どもが出ない指導を常に心がけてきている。だから、このとき、次のようにも述べている。

「休み時間になっても勇んで外に出ようとせず、教室のなかや廊下にぐずぐずしているような子どもや、遊び仲間にも入れられず、玄関のわきに、しょんぼりと立っているような子ども。いたずらに反抗的になってあばれまわっている子どもも、いたずらに卑屈になってて友だちに馬鹿にばかりされるような子どもや、授業中何もせずただぼんやとしているような子どもも、健全な学級であればこうした子どもはいなくなる。」

(四) なぜまゆは高いのか (小黒板発表)

発表○なぜまゆは高いのか。桑が高いから。

○この発表に対し全員が「反対だ、まゆが高いから桑が高いのだ」と主張

教師の指導

これは小黒板に「おかいこはなんでたかいかというとくわが高いからです」と書いてあり、まゆと書くところを桑と書いてあった。文字の誤まりや漢字を使うところな

どは発表の際や事前に訂正させておくべきであった。

（五）　今年のまゆはどうして高いのか（前の学習の発表）

子どもの意見

○事変だから。

○皆、兵隊さんに行って手が足りないから。

○鉄なども高いから。

○アメリカへ売れるから。

○何でも高いから。

教師　「なぜ何でも高くなったのか」

子ども

○事変が起こって外国から品物が買えないから。

○なぜ買えないのか。

○金貨がないから。

教師　物が高くなる理由を説明する。

（六）綴方（朗読）発表

お蚕　町田喜久子

三月のおひなさまのおせっくもすんで急にいそがしくなりました。さんしつの前でよっちゃんが、毎日わらでまぶしを折っております。私が学校からかえって見ると、大きなまぶしの山ができておりました。それをほしてかたづけると、今度はよその人が大ぜい来て、さんしつのそうじがはじまりました。私も学校が休みでおそうじを手つだいました。しょうじを洗ったり紙をはったり、私が学校へかよっているうちにきれいにしつができ上がって、たねがたくさん入れてありました。

毎日さいとうさんが、さいせいしていると、四月三十日に私がかえって見ると、お蚕がたくさんはいてありました。よその人もいく人も来て、やきぬかを作ったり桑をつんだりしておりました。

一日に七回も桑をやるので、そのたびごとにがちがちと桑をきる音が、あちらからもこちらからもきこえて来ました。

にわのぼたんもまっ白に咲いていたが、いつか散って、赤いつつじが火のように咲きました。私が学校からかえるとおもちをついているので、おばあさんにおまつりかねと聞くと、笑いながらおかいこが休んだのでお祝いだよといって、つきたてのおもちをたくさんくださいました。

おかいこはいく度休むのですかとお父さんにきいたら、四回休んでまゆを作るのだと教えてくださいました。

それではおもちも四回つくのときいて笑われました。

おかいこもだんだん大きくなって家一ぱいにひろがり、よその人もだんだん来て、ごはんの時はおかってが一ぱいで、大きなおかまでたいたごはんもぺろりとたべてしまいました。

私は毎日学校からかえると妹や弟のもりをしておばあさんにほめられました。

雨の日も風の日もよくみんなはたらいて、おかいこもずんずん大きくなって四回休んでおきました。毎日朝から晩まで牛車ではこんだ桑をみんなして歌をうたいながらもいでくれているうちに、いよいよまゆを作るようになりました。庭のぼたんもつつじもいつか散って、中庭のしばが青々とはりつめて、その中にすみれの花が咲き残って、ちょうちょがとんでおります。みんないそがしそうにまぶしをほしたり、むしろを出したり、おかいこにまゆをつくらせるのでいそがしくはたらいております。

お父さんを始め、お母さんもおばあさんもよその人もたくさんつかって、一月もろくろく休まずはたらいたかいがあって、かいこもたいへんよいせいせきで、まゆもたくさんとれましたので、家じゅう大喜びでおもちをついておいわいしました。赤ぼりから来ている三郎さんは、大へん歌が上手でお酒をのんで歌いました。さいとうさんもほかの人たちも一生けんめい歌って夜おそくまでにぎやかに祝いました。

お父さんはかいこが上がると伊豆へ行ってるすでした。今年はまゆがたかいのでみなよろこんでいます。私も一生けんめいはたらいてごほうびに自転車を買っていただきました。

私の家は、まゆで売らずに、ちょうを出して、たねを生ませるのです。かいこがまゆになって、小麦ができるころになると、きれいなまゆからちょうちょうがたくさん出て、たまごを生ませます。うちで飼ったほか、伊豆からもたねまゆがたくさんトラックではこばれて来て、うちの中がまゆで一ぱいになります。
伊豆からお父さんがおいしい夏みかんをたくさんおみやげに買って来てくださいました。よその人も三十人くらい来て、まゆから出たちょうちょうをかんれいしゃにのせて卵を生ませます。

教師の指導

○この文のよいところは、長くすらすらと書けているところである。はじめみせたときは原稿用紙一枚ぐらいであったので書きなおすようにいったら、翌日、これを書いてきたのであった。比較的らくらくと書いたものと思われる。
○「お蚕日記」を書くのもよいと全員に話す。この後、これに刺激されて夏休みなどにいろいろな観察、綴方、日記が出ることを期待する。
○ほめられた子どもが出た後、同じように綴方を書いてきた子に対しては、ノートを見て綴方を認めて賞する。
○子どもが自分で自分の努力に満足するという指導をすることも大切である。

第三回、相互学習、六月二十八日、水、雨、第二時

(一)　なぜ蚕を捨てるのか（口答発表）

○桑が高いから。

○買えばよい。

○悪いお蚕を捨てるのだ。

○良いお蚕を捨てることもある。

教師の指導

○桑が高いので買って育てたのでは損をすることがある。またぜんぜん桑がないときもある。

(二)　蚕はなぜまゆを作るのか。

○食われるから。

○ねずみなどに食われるからかこいをする。

○身を守るため。

○蚕以外の白髪大夫を挙げる。

(三)　蚕はどうして水を飲まないのでしょう。

○桑に水があるからだと思います。

(四)　私の家では今年ホルマリンがうんと売れた。

○どうしてうんと売れたか。お蚕が高いから。

○ホルマリンは何に使うか。消毒に使う。

○どうして消毒するのか。ばいきんがたからないよう。

(五)　まゆはどういうかっこうをしているか、どうしてあいうかっこうをしているのか。

(六)　なぜお蚕を飼うのか。

○銭がとれるから。

○糸をとっておりものを作る。輸出する。

教師の指導

○これらの学習から養蚕業は日本のどこが盛んか、世界ではどこが盛んかを少し学習する。

当時、一九三九年（昭和十四年）群馬県のまゆの生産は三万九七万トンで、これがピークで現在は九七万トン、当時の三百分の一となっている。養蚕業・製糸業、絹織物業が戦後激変したことがわかる。現在のこの状況の背景は、他の農業、水産業、林業と同じく若手後継者がいないことと、養蚕業に限っていえば国民の衣の生活が変わり和服を着なくなったことに合わせて、中国からの安い製品が輸入されるようになったことである。明治の初め、のちに斎藤喜博が校長を務めた島村は、養蚕の盛んな村であり蚕種をフランスに輸出し直接交流を深めていた。

斎藤喜博の「お蚕」の授業は、そういう歴史を持った地方の養蚕の盛んに輝いていた最後の時期にあたる。

（七）　お蚕の蝶はどうして羽がはえていても飛ばないのか。

○蛹から出たばかりだから。
○羽が厚いから。
○飛ぶと卵が生めないから。

教師の指導
○人の耳や鶏などの例をあげて退化の説明をする。
○一人の児童は、人類の尾の話をする。
(八) なぜ今年はどこの家でも桑を買ったのか。
○桑が高いから、蚕が死んでしまうから。
○お蚕が高くて皆のうちでうんと飼ったから。
(九) 卵は初め黄色くて、ちょっとたつと色が変わるのはなぜか。
○中に虫が出てくるから。
(十) まゆの上にどうして綿をかけるのか。
○これは逆、初め糸をかけて足場を作りその中へまゆを作る。

(十一)　蝶々はどうして卵を生むか。

○お蚕をはやすため。

教師の指導

○お蚕が卵を生まなかったらお蚕がいなくなったら困るだろう。また皆の家に飼っている牛や馬や山羊だって、増えなかったら困るだろうと話して聞かす。子どもたちも口々に困る困るという。

(十二)　まゆをどうして作るようになったか。

教師の指導

○「皆の家にいる牛や馬はもとは皆野原にぴょんぴょんはねていたのだ。それを人間がつかまえてきて、ならしてああいうふうに使っているのだ。にわとりだって山羊だって皆もとは野山にいたのだ。皆が食べる大根だってもとは、今このへんの道ばたにある草と同じようだったに違いない。それを人間がとってきて、人間の知恵であいうふうに根を大きくしたのだよ。蚕もおそらくもとは野山に自然にいたのだろう。それを見つけ、その糸に目をつけた人間が、家へ持ってきて飼った。そして何百年何千年という長い間のたくさんの人々の力によって、だんだんとよいまゆ(繭)を作らせるようになったのだ」ということを話す。

○このとき、子どもたちは目を丸くしてすいつけられるように聞き入っていたという。また、斎藤自らもこうした話をしてやるのが好きだという。

第四回、相互学習、六月二十九日、木、雨、第二時

(一) 小黒板発表

(1) 美いちゃんのおばさんとけんちゃんちのおばさんとばあとうちのかあちゃんとみんなで五かんめのまゆをかきました。一かんめ九円五十銭です。みんなでいくらですか。

○掛け算で答を出した子六人。他の子は加法で出す。

(2) 桑を一段三十八円で売りました。ほかに六せ売りました。一段三十八円のわりあ

いで六せはいくらになるでしょう。

(3) 私の家では桑ばらをかしています。一年十五円です。三年でいくらになるでしょう。

教師の指導

○初め一段というのはどういうことかが問題となった。そこで教師が段畝の指導をする。頭のよい子がすぐ三十八円を十で割ってそれを六つ集めればよいと考えた。しかしこれはむずかしい方法であった。

次の問題はやさしかったので、どの子もよく暗算できた。こんなときは学級中に活気が出た。できるとうれしいのですね。

(4) 私のうちは今年はたけを二たん買ったら六たんになった。おじいさんがまた来ねん一たん買うといいました。はたけはらいねんいくたんになるでしょう。

教師の指導

○買ったねだんを聞いてくるとよい。
○数あての問題にするとよい。
○作問上の質問や意見がたくさん出て、問題を作り各自発表しみんなで計算をした。
（5）　私のうちでは桑をうりかいする人にたのんで桑を買っていただきました。その桑は十だんは六十そくです。ねだんは六十そく六十円です。

教師の指導
○合科学習においてはこういうことを知っていないと、その場ですぐ適切な指導をすることができない。この場合は一だんは六そく、今年一だんのねだんはどのくらいであるか、はっきり学ばせるべきであったと反省。

（二）　ノートによる発表
(1)　私のうちでは百グラムはきました。そして七十三かんとれました。白いまゆだけは五十八かん、きいろいまゆだけでは十五かんです。白いまゆのお金は一かんめ十円二十銭です。きいろいまゆのお金は一かんめ九円三十銭です。

(2)　私のうちではすこし桑が足らなかったので一だん四円の桑を買いました。
(3)　十グラムで六百めとれました。一グラムは十九せんです。

教師の指導

○一人でこれだけ調べている。もっとくわしく調べて、家で幾グラムはいていくらお金をとった。また幾人で働いた。かかったお金は蚕種代いくら、買った桑のお金がいくら、差し引きいくらというような算術問題を作るか、綴り方にでもすればおもしろかった。

頭の良い子であり独自学習のときも注意をしていたが、以上のような学習内容にとどまったようである。この子に対するこれからの指導の行方を考えている。

(三)　玉村町で蚕をいく軒飼っているかの表による発表（表は略）

○大字別の数字で示している。
○玉村町全体の数
○調査方法は各大字の児童が自分の字の数を調べて、表を作る子に提出した。

教師の指導
○この発表は教師からの暗示による。
○それは調べる人と表に書く人とが別々でそこに協力が生まれること、調査という仕事の大切さを考えたためである。
独自学習四時間、相互学習四時間という三年生対象の合科授業の後の指導者としてのまとめ。
（1）前に出て発表した児童は全部で十四人。質問や意見を出した児童を含めるともっと多い。授業者としてはなるべく全員を発言させるようにすべきである。子どもにもそういうことを意識させて指名なども片よらないようにすべきである。
（2）学習の内容が高すぎれば劣る子はわからないし、低すぎれば優秀な子はあきてしまうのが普通。これらも指導者の努力と力によってうまく導くべきである。その方法はいろいろある。
（3）一時間のうち、何の発表も質問もできないような無気力なかわいそうな子どもが、一人でもいなくなるよう教師は努めるべきである。一時間の発表によって学級の七割や八割が動くようになるのはたやすいことではないかと思う。

と述べている。

この「お蚕」の相互学習四時間の最後は二時限目にあたり、その日の一時限目は「算術」で折り紙を使用していて、折り紙のあまりを七夕に使おうということになった。すると子どもらしくすぐやろうというので、「お蚕」の授業が終わってからしようということにして、第二時「お蚕」の授業をしたという。

七夕飾りを作る楽しみを後に抱きながらこの授業に臨んだことになる。そういうたまたま生まれた学習への動機づけの好ましい条件に恵まれたとしても、この「お蚕」の授業の中で子どもたちは様々なことを学んでいる。

（1）お蚕の生態。
（2）卵からまゆに至る変化の様子。
（3）飼育の変化の様子。

（4）蚕の売買の様子。
（5）桑や蚕の値段の様子。
（6）町内の養蚕業の様子。

この年、三年生を担任した斎藤喜博は「お蚕」の授業の後、十一月には群馬女子師範の教生の参観のために「お米」の合科学習を行っている。子どもたちの独自学習の後、全体で勉強する「級の問題」の相互学習である。子どもたちのまとめた「級の問題」は次のようなものである。

1　米になるまで
2　米の種類
3　米の用途
4　わらの用途
5　いねこき機械しらべ
6　米のできるところ

7　玉村町の米のでき高
8　ごはんのたき方
9　なんで一つぶのお米ももったいないのか
10　なんでお百姓があるのか
11　十日夜、新嘗祭、献穀田

これらの「学級の問題」をみんなで行う相互学習において、いろいろの方法を用いて発表し相互理解をし、質問や意見が出てさらに発表の内容が高められていく。例えば6の「米のできるところ」では日本全国の地図が書かれてそこに玉村町の田畑の分布図を書き、前に行った遠足のときの地図作製の発展となっている。

さらにこの三年生の授業より前であるが、一九三三年（昭和八年）の五年生の授業を例にとって見ると、冬の二月の研究授業で男子師範教生一九名のために実施したものである。国語科、教材「ふか」（六年生教材）。二月十三日に独自学習、十四日に紙芝居を作る子どもがいる。十五日が研究授業「ふか」の相互学習を行う。そのときの授業で発表された内容は次の通りである。
1、神になっての想像文……七枚
2、老砲手のそばにいたるものになっての想像文……八枚
3、船中のひとりになっての想像文……六枚
4、砲手の子になっての想像文……三枚
5、動作図解（文図）……二人
6、老砲手心の道……一人
7、三者の心の比較……一人
8、紙芝居A……三名
9、紙芝居B……二名

一時間の中でこれだけの内容を行うのである。子どもだけの活動である。
この授業に対しての参観した教生の感想は次の通りである。
1、真剣なのに驚いた。

2、皆、質の深い学習をしている。
3、附属の六年よりできる。
4、むずかしいことばを使うので驚いた。語いが豊富である。
5、想像文が上手なのに驚いた。表現法、読みとり、想像力。
6、どうして綴り方を指導したか。
7、図工手工との関係いかん。

引率の指導教官もびっくりし、次のような感想を述べている。

「あんなに深味のある授業はいままでみたことがなかった」

「奈良でもあれだけの深い学習はしなかった」

奈良とは、合科教育を創始した木下竹次の勤めていた奈良高等師範学校附属小学校のことである。

斎藤喜博の授業は、教職三年目くらいから参観人に見られるようになる。同僚教師、担任児童の保護者、そして近隣の学校の教師から、師範学校の生徒とその指導教官と、いろいろな人たちが参観している。中には同じ学校の下級生が上級生の授業を参観するということもあった。もちろん県からの師学の視察のための参観もあった。また、教室環境を見学に来る教師もいた。参観した児童の感想文があるので参考にしてほしい。どのような授業をしていたかわかるであろう。

参観児童（四年生）の感想

1　これから六年のように友だちと共同して細かく調べよう。
2　わからないことは皆友だちや先生と話し合ってわからせる。私もこういう共同のところをまねしたい。
3　読本のお父さんなら、ほんとうのお父さんのようになってお父さんのまねをする。
4　教室がうるさくない。
5　早く六年生になってああいう勉強がしたい。……五人
6　私もあんなよい発表ができればよい。
7　六年生みたいにできればよい。

8　いいたいことがあると自分から手をあげていう。

9　手をあげるときに一度ハイといったきりであとはだまった、そこがよかった。

10　手がよくあがる。

11　私たちは後ろを向いたが六年生は向かなかった。

12　六年の人はどういう心を持っているのだろう。私も六年の人みたいにできればよい。

13　説明しているときはだまって聞いているのがよい。

14　人のいうことをよく聞く。

15　「質問がありませんか」と聞くと、たいていよく聞いているからよく手をあげる。

16　皆発表する人の方を見てよそ見をする人がいない。

17　ことばづかいがよくて、教室がしんとしていて、よそ見もしないでちゃんと手をあげて答える。

18　発表がまちがわないでほんとうに上手だ。

19　発表の絵が上手だ。……五人

20 勉強ができる。六年の女のようにできればよい。……三人
21 おとなしい。……三人
22 発表の字がきれいで人が見て読めるように書いてある。
23 発表の仕方がよかった。……五人
24 声が大きくてはっきり聞こえてよい。
25 読本の読みぶりが上手だ。あんなによくできればよいと思う。
26 返事がたいへんよい。
27 いい感じがした。
28 私の方も六年生のようにしよう。
29 先生が「しまいなさい」といったとき「ハイ」といったのがよい。
30 私もことばづかいや、よくしらべるのをまねしよう。
31 ことばのつかい方が上手だ。
32 六年生は先生がいったことをよく守る。
33 六年生のように先生がいったことをよく守ろうと思います。

34 六年生のまねをしようと思った。
35 六年生はきちんとしていてえらい。
36 自分勝手に話をしている人がいなかった。
37 勉強ぶりに感心した。……三人
38 勉強の仕方が上手だ。
39 想像文や手紙の書き方が上手だ。
40 教室にむだのものが貼ってなかった。そこがよかった。
41 教室にある本の整頓がよかった。
42 教室に本やいろいろのものがたくさんあったのでびっくりした。
43 六年生の教室へはいったとき、きれいで気持がよかった。
44 教室がよくしてある。
45 私の方もよくしましょう。
46 教室がきちんとしている。
47 教室がとてもきれいで整頓してある。

48 発表していた絵を見たら多くうまいので「うまいな」と心のなかで感心した。
49 羊の絵葉書の絵がとても上手だ。
50 はずかしがらず発表する。
51 騒がないのに驚いた。
52 発表する人は先生がいわなくもちゃんと出てくる。
53 教室へはいったとき、すきまもなくかざってあったのでたまげた。
54 ああいうようなら心がしっかりしてよく覚えられる。
55 ひとりも手のあがらない人はいない。
56 六年生の勉強ぶりを見て驚いた。ああいう人になりたい。
57 「ほかに質問はありませんか」といったとき、皆手があがるので感心した。
58 帳面をていねいに使う。
59 ちがっていれば遠慮しないでいう。
60 私もこれからは、ああに細かく書こうと思う。
61 ふたりが組んで説明した。

62　六年生の人があんなに一生けんめい共同して勉強するのを見ると私もじっとしてはいられない。
63　人がまちがっても笑わない。
64　全部が行儀がよい。
65　ああ自分は六年の女より少しきり勉強しないで、しらべるのがあらいから、これから家へ行ったら細かくしらべて、六年の人よりもっと細かく勉強して、だれに聞かれてもいえるようにしよう。
六年の女の教室は清潔になっていて、人が出て発表するのをみんな聞いていて、よいところ悪いところいってやるのがよかった。

六年の女の教室へ行くと、できるできないがなくて、いろいろしらべて来て質問するので、なおよく勉強できる。（山田かず子）
66　六年生はまったくしっかりしている。えらいと思う。
67　町田ハナちゃんが詩だのをつくったのは、聞いていても自分の目の前にうつるような気がする。

68　本にないこともよくしらべている。
69　帳面がきれいで絵などもたくさん書いてある。

（『教室記』）

斎藤喜博の二十代、十九歳で初めて教師になってからの十年間は、一九三〇年から一九三九年に当たり、世界恐慌のあおりと生糸相場の暴落による地元経済への打撃と、満州事変、日華事変から始まる日中戦争と続く昭和の長い戦争の中の教育の仕事であった。その上、思想統制は激しく、のちの太平洋戦争へと続く臨戦体制の中の仕事であった。

その十年間、若い斎藤は類いまれな資質のもとに教育という仕事、それはまたとりもなおさず目の前の任せられた担任の子どもたち一人ひとりの指導にひたむきに打ち込んだ。そこには人の仕事を証明するのは事実より他ない。その事実を出し示すのが実践であるという考えを、初任のときの校長との出会いの中で学び、その考えに基づいた仕事が二十代の仕事であった。

「実践は事実で証明する。」それが斎藤の教育という仕事の根本をなし、その方法として合科教育を実践したのである。一年々々一つひとつの指導に研究と工夫と吟味を忘れず、その結果としての例えば、「お蚕」「お米」「ふか」の授業であった。

二十代の十年間の実践の中では彼の類いまれな資質と感性と研究努力は初等教育という世界である到達点に達していたのである。

大正デモクラシーを背景に始まる大正自由主義教育はいくつもの学校を舞台に全国に広まっていった。しかしその勢いにやがて国の注目が集まり干渉を受けるようになった。各地で行われた自由主義教育は、校内研究会、研究授業、提唱者を講師として招くなど積極的な実践活動をした。公開研究会も開き多くの教師が参観し刺激を受けていった。当然、県当局からの視察もあった。そういうときどのようにこの自由主義教育を見ていたのか。大正新教育は明治以降の教授法の一大転換であり、おそらくコペルニクス的転換である。教師主導から児童中心主義へ。児童の自発性による教育と方向転換した。それらの授業を見た県当局や一般教員はどう見ていたか、『群馬・栃木県教育史』からの例を見る。

自由学習の時間に対して、

「児童は教科や学習する場所を自由に選択し自由に学習している。この間、教師は適当の指導をしているが児童はひょいひょい勝手に出て話をしていていわゆる教授の体裁をしていない。この自由学習時間がはじめての参観者にはヒヤヒヤさせてアッとさせ、何が何だかさっぱり要領を得ず、先生のサボリ教育であるかの感をいだかせた」

「分別扱は一時間通して実施しているので児童の中には虚栄心にかられて自由に先へ先へと進むばかりで、あとの方を留守にしている」（三年生の国語読本）

「自治会は消極的禁止事項だけで、積極的装励事項がないこと、とくにわるいのは学校裁判ということである」

「多少のさわがしい学習であったが、児童が自らを自らの力で切り開いてゆく態度には敬服せざるをえない」

こうして大正新教育はやがて国の注目を集め干渉を受けることになっていった。「自由主義教育はけしからん」という声が発せられるようになる。その発端は一九二四年（大正十三）八月に文部大臣が地方長官会議においての訓辞のようである。次のように述べている。

「近年種々の名称の下に教育の新主義を鼓吹する者が輩出し、学校教員にして軽卒にして、之に共鳴して実際に之を試みる者少なからず……転信妄動に新を衒ひ奇を弄して彼の子を賦ふのみならず、其の法令に背反するか如きに至りては誠に之を練めざるべからず！」

（『群馬県教育史』）

この直前、一九二二年（大正十一年）には「自由教育」の提唱者である手塚岸衛の講演会を県が禁止している。こうして大正新教育は昭和に入ると多くはかつての勢いはなくなり、やがて軍国主義教育の渦の中にまき込まれていった。

そういう歴史の推移の中にあって斎藤喜博と同僚は従来の合科教育を継続し、先の「お蚕」と「お米」の授業は一九三九年（昭和十四年）斎藤の二十八歳のときである。泥沼化していく日中戦争の中、同僚の若い女性もやはり「独自学習」「相互学習」で国語の指導をしている。こうして斎藤喜博の勤務した小学校の合科教育は戦争下、軍国主義教育一色になる中にあって、何人かの同僚と斎藤喜博の教育に対する真摯な実践を通して、その苦難を乗り切り戦後へと継承されていった。

大正デモクラシー（自由主義）から生まれた児童中心主義の教育は、敗戦後に訪れた戦後民主主義社会の中で「島小教育」として一つの結晶となって実を結んだといってよいであろう。

斎藤喜博の学習指導（読み方＝国語）の場合

「読むとはすべての生活の根源である。児童の学習生活においても、読むことが彼らの学習のすべてを支配している。漢字がわからなければ文章学習はなりたたない。形象も生命もあったものではない。地理、国史、修身、これまた読めないところに彼らの苦しみがある。実に読み方の力はすべての教科の根源である。」（一九三三年　昭和八年「漢字の負債」『教室記』）

教師となって初めて発表した教育論の中で、読み方（国語）教育の重要さを説き、漢字指導の具体的方法を提示している。そして一九四〇年（昭和十四年）に自らが実施している読み方の「学習指導」（『教室記』）を発表した。

斎藤喜博の授業の様子や結果について当時すでに多くの人から驚きの声があがっている。その一つが子どもたちの「語彙」の豊富さである。豊かな表現力に驚いたのである。その指導の背景となったのが、この「学習指導」といってよいであろう。その指導経過と内容を見てみよう。

全体の指導は、五つの過程を通して行われる。

（一）予備学習（二）独自学習（三）相互学習（四）整理学習（五）練習学習である。各学習がどのような内容か、その大要を紹介したい。

（一）予備学習

(1) 位置づけ

・授業以前の学習である。

・家庭や課外時間に行う。

・現在学習中の先の課を行う。

・誰もがその課が読めるようにするため行う。

(2)　予備学習の手順

a　自由進度検定

・子どもたちが自由に勉強した結果を教師に検定を受ける。

・検定基準は、次のような内容で、子どもの能力に合わせて行う。

（読み、語句解釈、大意、中心（文意）、音訓）

b　自由進度検定上の注意

・友だち同士で検定しあう。

・全員が二課進んでから、学級学習の進度をすすめる。

・検定は朝の始業前や放課後に行う。

・「波及的学習効果」を考える。ひとりの子どもに指導したことが他の子どもたちへと伝わっていくようにする。

・旺盛な子どもの学習が他に先がけて進む傾向がないように注意し指導する。

・早退や欠席した子どもの学習のおくれをおぎなうことができる。

(3)　ノート検閲

・学級でいっせいに学習する前に、教師にノートを見せて検閲を受ける。

(a)　学習ノートの使い方

○大意、感じ、文字語句、文意、節意、構想、文の山、文の調子、問題、意見、漢字書き取り、絵、綴り方などありのままあらわす。「学習生活の姿」がノートに書いておくという考えでノートを使うことはありません。

○ノートに書きつけるよりも心に書きつけるという考え方が大切です。

○おぼえなければならないものは、くりかえしくりかえしおぼえてしまうこと。

○ノートに書くときは、できるだけ短く、大切なところだけまとめて書くこと。

○相互学習に出そうと思うところや、先生に見ていただきたいところには赤線や赤丸をつけておく。

○ノートは相互学習のとき、友だちや先生のお話を書きたせるくらいの余白をとっておくこと。

(b)　ノート検閲進度表

○課外学習、家庭学習の結果を教師に見せる。喜びを持つように導く。

○学習結果を端的にノートするようにする。
○ノート検閲を通して、ノートのよい点、悪い点を具体的に指摘し、また、不明の点はよく問い質して、ヒントも与えてやる。
○検閲を通して、独自学習の指導計画を立てる。教師は手まめにメモをとっておくべき。
○よいノートはお互いに見せ合うようにしておく。
(c) 一斉検定
○ノート検閲後、独自学習の直前に一問一答式で行う。順序は次の通り。
① 二、三名に指名読み
○読み、アクセント、「、」「。」等を徹底的に訂正し合う。
② 高音読
○各自、自由に読ませる。
③ 一斉問答
○大意、感想、文字語句、中心などについて教師が質問する。

④　教師範読

○一回静かに読み聞かせる。

（二）独自学習

（1）位置づけ

・相互学習までの間に行う学級学習である。

・自分の学習が中心で、学級全体で助け合い、考え合い、教師に質問し、教師の指導（個人、分団、いっせい）を受けながら学級全体で学習する。

・児童は、自分の席で調べたり、席を出て他の人と話したり、教師のところへ質問に来たり、同じ場面を勉強しているものと自然に集って研究したり、絵をかいたり、図をかいたり、綴り方をしたり必要な活動をする。

（2）能力別指導

・ときに教師の一斉指導があったり、分団指導があったり、個人指導があったりする。

・独自学習は、子どもの自力学習を中心としている。

・教師は、能力別指導、個別指導に全力を注ぎ、学級全体の向上をはかる。

・優秀児に対してはできる点まで学習し、教師への質問に対し適切な処置をとる。この指導は重要でこの結果が子どもの学習を深め広げることになる。

・文章をよく読み、自分の頭で考えること。相互で考える。見せ合いをする。それらを教師に報告させる。きちんと守らせる。

・子どもの学習を全部把握する。ノートにとっておく。それによって次の相互学習の計画とよりよい相互学習へと導く。

・能力のやや劣る組の子どもたちには、教師のまわりへ集めて指導し、また、机間巡視を通して教え、ときにはその子の側に坐して問題を一緒に考えたりする。

・子どもの指導の場合は、子どもからの発問を待ち、それをもとに導き上げるようにする必要がある。

（3）研究問題

・研究問題は独自学習中、最も重要な研究対象である。

・話の文の中心生命にあふれ文章内容との関連を多く持っているものを発見、解釈し、研究問題とする。

・独自学習中に子どもたちの研究問題を発表させ、検討させて独自学習の内容を上昇集中させる。

・おくれ気味の子どもにも研究問題を与えること。一応の説明もしてやる。

（4）独自学習の整理

(a) 全員に注意すべき箇所に赤線、赤丸をつけさせて独自学習を整理する。

(b) 各自の研究問題を発表させる。板書しながら学級問題を作る。相互学習に都合よいように順序立てる。

(c) 文の研究中心をはっきりさせ、短いことばで表現し板書する。

(d) 学級問題と研究中心が決まったら、一つ一つの発表者を決める。

(e) 発表者はその問題について自分の学習をよく整理し、他の児童は全問題について自分の学習を整理する。

(三) 相互学習

(1) 位置づけ

・独自学習が終わった後に行う。(徹底した独自学習の後、相互学習の用意が完全にできた結果行う)

・一つの文章を対象に真剣勝負的に魂をみがき合う場面である。

・相互学習は独自学習で決まった学級問題を対象とし、発表者の発表を中心に行なわれる。

(2) 相互学習の進行

・学級問題を対象に、発表者の発表を中心にして、子どもたちが質問したり、つけ加えたり、話し合ったりして進行する。

・学級問題は中心問題の導火線である。

・全児童が一時間のうちに一回は必ず質問したり意見を出したりするようにする。

・紙芝居、想像文、絵画、図解等の発表方法についてもそれ自身の価値も含めて発表させる。

・発表のまちがいの価値も認めるようにする。

・真剣でなければならない。

（3）相互学習の学習態度

・共同的でなければならない。

・人の発表をよく聞き、必要なときはのがさず挙手する。

・疑問の点はよく教師に聞き、さらに文章の中に尋ねてみなくてはならない。

・相互学習は人間鍛錬の道場である。全心全我を捧げてやらなければならない。

（4）発表物の価値

・発表物とは、図解、絵画、紙芝居、想像文等がある。それらの価値は、次のような価値を持っている。

・具体化、作業化されていて、子どもが疲労しない。

・指導の上からも子どものあやまりを見るのに都合よい。

・美しく表現された絵や綴り方など皆で観照し味わう。

・発表物があるため学習がなめらかに進行する。

・発表物によって発表するため発表しやすい。

（5）相互学習の長所

・子どもの心理にかなっているので、喜んでいきいき学習する。

・人間教育に都合よい。協調性が養われ正に服する精神が養われ、真剣さは人間鍛錬の道場となり、発表によってその方法、礼儀、聞く態度が訓練される。

（四）整理学習

・読み方教科の一つの課の独自学習、相互学習が終わった後に行う。

・学習を反省し、文の形式を考案したり、朗読したりする。ときには、劇化等を行うこともある。力を入れるのは朗読である。

（五）練習学習

（1）一課ごと行う練習学習

・全文口語訳、大意節意の把握練習、難語句解釈、漢字書き取り、応用練習、朗読練習、暗誦、暗写など。

・検定——二課検定。二課終わるごとに前述の練習をし、そのあと小さい紙片で簡単なテストをし、練習結果を反省。さらに練習する。

（2）特別練習学習

・練習学習の内容を読本ごと、学年ごと、六年末、高二末などの時期に　まとめて行う。

（3）興味的練習学習

・漢字練習一覧カード、漢字カード、熟語カード、かるた等を使って、単独の文字語句を随時行う。

参考にした著書・文献

『斎藤喜博全集』国土社、一九六九
一巻『教室愛』『教室記』
二巻『ゆずの花とその背景』『童子抄』『続童子抄』
十巻『川ぞいの村』『子どもへの物語』
十四巻『表現と人生』「年譜」
「草原」一、二、五、七～十号、宮城教育大学教育臨床総合研究センター復刻、本間明信／吉村敏之編
『可能性に生きる』斎藤喜博、文藝春秋、一九六七
『斎藤喜博の教育思想の研究』増田翼、ミネルヴァ書房
「群馬県教育史」群馬県教育委員会
「栃木県教育史」栃木県教育委員会
「栃木県教育通史」栃木県教育委員会
『日本教育史』教育学テキスト講座第三巻、長田新監修、お茶の水書房

『近代学校の歴史』多賀秋五郎、中大生協出版、一九六〇
『日本教育史』入江宏他、国土社、一九八五
『日本近代教育史』日本近代教育史刊行会編、講談社
『大正デモクラシーと教育』中野光、新評論
奈良女子大学「教育学科年報第十二号」奈良女子大学文学部、一九九四
『日本の空襲　十巻』三省堂、日本の空襲編集委員会編
『東京大空襲』岡本好古、徳間書店、一九九〇
『丸山眞男』苅部直、岩波書店
『丸山眞男の対談』中野雄、文藝春秋

あとがき

二〇一二年は斎藤喜博先生の生誕一〇一年に当たる。没後三一年でもある。亡くなってもう三十年が過ぎたのである。早いものである。この間、斎藤喜博先生は各方面の関心の対象となり研究が続けられている。歌論から学校論、授業論、学校行事論等、様々な角度からの研究である。

このように長く、しかも没後にもかかわらず研究の対象となっている教育者は他にいないのではないだろうか。

何故なのだろうか。

確かに優れた業績を残した人の中には後世の人からも関心が持たれ、人生の指針となってほしいとその人に近づく。幸いにして書物があれば有難くそれを紐解く。プラトンも紀元前の人にもかかわらず著書があるお陰で今日まで研究され続けている。もちろんそこにはプラトンの思想が今日も必要とされているからである。国内においても明治以降の近代社会において偉業を成し遂げた人は多い。例えば福沢諭吉も常に研究されている。彼の場合もたくさんの著書がある。著書を通して変化する社会から要請されて研究されている。簡単にこういう考えであったといいきれない内容を持っているからである。

斎藤喜博先生も単純にこういう教育を行ったと言いきれないものがある。

一九歳で尋常小学校の教師となって七十歳で亡くなるまで、退職後も余生とか隠居などとは無関係に教育に携わってきた。それも講演をするといった方法ではなく小学校や中学校、ときには高校といったところへ出向き実際の授業を参観し、自らもその中に入って授業展開に関与するというものであった。常に子どもたちの側に居つづけた。

また一方で著作することも忘れない。自らの実践を記録し発表する。それらはみな教育への愛情であり、子どもたちに確かな力をつけたいという強い願いがあったからである。

斎藤喜博先生の仕事を山にたとえてみると、先生の仕事は形の美しい独立峰ではない。

山塊といった方がよいであろう。大小様々な峰を持ち、この峰をと登って一つ征服したかなと思ってほっとしたのも束の間、頂上と思ったところのすぐ隣にまた新たな頂が見えてくるのである。日本の山でいえば、富士山ではなく八ヶ岳に当たるであろう。様々な頂があり、登る道もいろいろあるのである。

斎藤喜博先生の仕事は一様には捉えきれず、一筋縄ではいかない。現職の頃から今日まで関心が持たれ研究され続けているのはそのためである。またそれは現実の教育に納得がいかないからであり、優れた実践から学び、良い教育がしたいという要求が現場の実践者の中にあるからでもある。

二〇一一年三月十一日、東日本大震災が起きた。福島原発事故と合わせ国内のみならず世界も大きな衝撃を受けた。3・11と記号化されて私たちの社会が今後これまでとは変わらざるを得ないという合意ができた。

その3・11後の社会に『斎藤喜博の教育思想の研究』を著した二十代の増田翼氏のような若者が登場したのである。新聞に雑誌に、またテレビで堂々と持論を述べている。二十代の若者である。その姿を見ていて「ああそうだ、斎藤喜博先生にも二十代があったのだ。」ということに気づいた。そして戦前に出版された、『教室愛』『教室記』『ゆずの花』である。この三冊と後に出版された『可能性に生きる』と全集にある詳細な年譜を頼りに、斎藤喜博先生の二十代の青春世界にわけ入ってみた。

師範学校が五年制となった最初の入学生で一九二五年（大正十四年）が入学となる。この年から一九四五年の敗戦まで、師範学校とその卒業生は軍国主義教育の担い手となった。その時期が斎藤喜博先生の二十代であった。

私たちはどのような時代であっても、その時代の中で生きていかなければならない。現在のような自由な社会にあっては生きにくいといって他国に行くことも可能である。しかし、国籍、国土、同族を捨てて生きるということはそこに何を求めるかを真剣に考えなければならない。辛くても自国の中で生きて初めて、その国に生まれた意味があるというものである。

斎藤喜博先生の初期三冊の書物からわかったことは、斎藤先生は最初の三年間で教育の本質、あるべき教師の姿、学校のあるべき姿を捉えていたということである。斎藤喜博先生は指導の結果として、子どもがこのようになるのだという教育活動の結果を子どもたちの上に実現していたということである。その結果を先生は事実と呼んでいる。それは授業を受けている子どもたちの姿の中に「美しさ」を表出したということである。芸術家の追求する美。美とは感動である。それに重ね合わせることができる人間の動きの中の美を学ぶ子どもたちの中に具現したのである。純真なとか、可愛らしいという表現は子どもについてよく使われる言葉である。

しかし、学ぶ子どもの表情や動きの中に美しさを感じさせたのが斎藤喜博先生の教育であった。可愛い子どもから美しい子どもへと変容をとげた子どもたちが斎藤先生の前に現れたのである。「学ぶことが楽しい」と子どもたちがいい、周囲の教師も同じように見ていたし、そういう事実を実現した教育指導を初年のときから行っていた。

未熟な二十代であっても本気になって仕事に当たり、さらに指標となり、典型となる先達がいたら、さらに目をかけ励まされたとしたら、未熟なものも未熟なままでは終わらない。明確な仕事、周囲が目をみはる仕事をするものである。

斎藤喜博先生はスタートの時点でそういう恵まれた環境にいることができ、自らもひたむきに努力した。最初の三年で体得したものをその後の厳しい国家社会にあっても揺るぎなく維持し、深めてそれが戦後の島小教育に結実したことを知った。

二十代の教育から獲得した教育の在り方は、学校教育全体に及び、具体的で明確な教育結果を示した。生涯その教育への考え方は深化はしても変わらなかった。

ここに書いた内容は、斎藤喜博先生の二十代十年間といっても、ほんの一部でしかない。戦前に出版された書『教室愛』『ゆずの花』『教室記』の中には、豊かな教育論から、具体的な指導法が、受け持った学年ごと、また学習時はもちろん、遊びや生活の場でのいろいろな子どもたちの行動の様子が記録されている。教育をする者から見るとそれは豊かな森となっている。

戦前の国家主義教育、軍国主義教育時代の実践だからと否定できない今日的価値を持った教育の在り方が記録されている。多くの若い人たちに読んでいただけると幸いである。

一莖書房の月刊誌「事実と創造」に載せてもらうつもりで書き始めたので一章ごと独立した形をとっている。その後、一莖書房の斎藤草子さんから一冊にしてはということになり、生誕一〇一年を迎えたことでもありとその意を受けて書いてみた。今年になってからのことで斎藤草子さんに励まされながら鉛筆を走らせた。やっとのことでここに到達することができ、本当にありがとうございました。心から感謝いたします。

（二〇一一年七月）

〈著者紹介〉
越川栄子（こしかわ えいこ）
栃木県生まれ。1957年国立宇都宮大学学芸学部史学科卒業。教師として小学校に赴任。3年目斎藤喜博先生に出会う。7日後、島小公開研究会に参加。島小教育に驚く。帰途列車の中で研究会参加の同県の教師に「島小行進曲」を音符にしてもらう。帰校後子どもたちに教える。公開研究会にはもう一度参加。境小の音楽会、体育祭も見学。この間県内教師のため斎藤喜博先生を招聘し講演会と討論会を催す。夏の教科研大会。のちの教授学研究会にも参加。斎藤喜博先生から学ぶ。また、「第三日曜の会」にも参加した時期もある。小学校3年勤務の後中学校へ移り退職まで働く。社会科担当。また県内有志と教授学研究の会を創設。宮城教育大学岩浅農也教授の指導を受ける。定年退職後、「斎藤喜博研究誌」発行を試みる。

20代の斎藤喜博――その教育の事実と実際――

2012年9月5日　初版第一刷発行

著　者　越　川　栄　子
発行者　斎　藤　草　子
発行所　一　莖　書　房
〒173-0001　東京都板橋区本町37-1
電話 03-3962-1354
FAX 03-3962-4310

組版／四月社　印刷・製本／アドヴァンス
ISBN978-4-87074-181-2　C3337